NATIONAL GEOGRAPHIC

David Nightingale

HDR FOTOGRAFIE

FOTOPRAXIS

David Nightingale

HDR FOTOGRAFIE

FOTOPRAXIS

Autorisierte deutsche Ausgabe
veröffentlicht von
National Geographic Deutschland
(G+J/RBA GmbH & Co KG), Hamburg 2011

ILEX, 210 High Street, Lewes, East Sussex,
BN7 2NS
Titel der englischen Originalausgabe:
Practical HDR

Übersetzung und DTP: mediaService, Siegen
Titelgestaltung: Anja Grimm (Gestaltung),
Stephan Engelke (Beratung)
Druck: Voion Printing Group (INTL) Co., Ltd., Hongkong
Printed in China

ISBN 978-3-86690-226-8

Die National Geographic Society, eine der größten gemeinnützigen wissenschaftlichen Vereinigungen der Welt, wurde 1888 gegründet, um «die geographischen Kenntnisse zu mehren und zu verbreiten». Sie unterstützt die Erforschung und Erhaltung von Lebensräumen sowie Forschungs- und Bildungsprogramme. Ihre weltweit mehr als neun Millionen Mitglieder erhalten monatlich das NATIONAL GEOGRAPHIC Magazin, in dem die besten Fotografen ihre Bilder veröffentlichen sowie renommierte Autoren aus nahezu allen Wissens gebieten der Welt berichten. Ihr Ziel: *inspiring people to care about the planet*, Menschen zu inspirieren, sich für ihren Planeten einzusetzen. Die NGS informiert nicht nur durch das Magazin, sondern auch durch Bücher, Fernsehprogramme und DVDs. Falls Sie mehr über NATIONAL GEOGRAPHIC wissen wollen, besuchen Sie unsere Website unter www.nationalgeographic.de.

Inhalt

Einführung

Als ich zu fotografieren begann, war ich häufig frustriert, weil meine Kamera die Welt ganz anders wahrzunehmen schien als ich. Wo ich atemberaubende Sonnenuntergänge sah, sah sie überbelichtete, verwaschene und blasse Farben. Wo ich über eine wunderbare Landschaft hinwegziehende Wolken sah, sah die Kamera nur weißen Himmel und schwarzen Vordergrund. Von hinten beleuchtete Porträtaufnahmen wurden zu dunklen Silhouetten. Mit zunehmender Erfahrung erlernte ich verschiedene Techniken, die meine Fotografien verbesserten: die Belichtungskorrektur, den manuellen Aufnahmemodus und die verschiedenen Methoden der Belichtungsmessung. Kurz gesagt entwickelte ich ein besseres Verständnis dafür, wie ich den im Gegensatz zu meiner eigenen Wahrnehmung limitieren Blick der Kamera ausgleichen konnte.

Gleichzeitig musste ich lernen, dass es Aufnahmen gibt, die man nicht realisieren kann ohne den Einsatz von künstlichem Licht oder Aufhellern, Grauverlaufsfiltern und anderen Hilfsmitteln. Der Kontrastumfang dieser Aufnahmen ist so hoch, dass einzelne Bildbereiche unweigerlich über- oder unterbelichtet werden. Unsere Augen können alle Tonwertabstufungen einer kontrastreichen Bildszene wahrnehmen, die Digitalkamera kann dies nicht.

Diese Problematik ist nicht neu. Schon die ersten Fotografen suchten nach Möglichkeiten, Bilder mit hohem Kontrastumfang richtig abzubilden. Um 1850 erschuf Gustave Le Gray eine Reihe von dramatischen Meerespanoramen, die aus zwei Negativen zusammengesetzt waren. Für die Belichtung der ersten Fotografie orientierte er sich am Himmel, für die zweite am Meer. Dann zerschnitt er die Negative entlang der Horizontlinie, fügte die beiden Negativhälften zusammen und erstellte einen Papierabzug. So konnte er alle Details der Szene einfangen, das wäre mit einer einzigen Belichtung nicht möglich gewesen. Charles Wyckoff arbeitete an der Lösung des gleichen Problems, als er einen Hochkontrastfilm mit drei unterschiedlich lichtempfindlichen Schichten entwickelte. Diesen Film verwendete er für Aufnahmen von Atomexplosionen, die in den 1940er Jahren auf der Titelseite des Time Magazine erschienen.

Es sollte aber noch sehr lange dauern, bis die heute als HDR-Fotografie (High Dynamic Range = hoher Kontrastumfang) bezeichnete Technik entwickelt wurde. Im Jahr 1985 entwickelte Gregory Ward das Dateiformat Radiance RGBE für HDR-Bilder, das auch heute noch verwendet wird. 1993 gelang es Steve Martin mit dem Tonemapping-Verfahren, ein Foto aus einer digitalen Bildserie zusammenzusetzen. Die Idee dahinter war einfach. Man fotografiert eine Serie von Einzelbelichtungen, die den kompletten Helligkeitsumfang einer Szene einfangen. Dann fügt man diese Aufnahmen zu einem einzigen Bild mit hohem Kontrastumfang zusammen, das sowohl in den Tiefen als auch in den Lichtern Zeichnung enthält.

Das klingt einfach, ist aber manchmal nur schwer umzusetzen. Zunächst muss man das Licht einer Bildszene genau messen, um die Zahl der Belichtungen zu ermitteln, die für die Aufzeichnung des gesamten Kontrastumfangs benötigt werden. Außerdem muss man wissen, wie sichtbare Bewegungen zwischen den Aufnahmen vermieden werden können und wie zur Berechnung des fertigen Bildes eingesetzte Tonwertumsetzung funktioniert. Mithilfe dieses Buches werden Sie feststellen, dass die HDR-Fotografie eine sehr wirkungsvolle Technik ist, mit der Fotos entstehen, die auf andere Weise nicht realisierbar wären.

Kapitel 1
Kontrastumfang

Der Kontrastumfang des Motivs

Eine der ersten Erfahrungen jedes Fotografen ist, dass die Kamera eine Bildszene oft ganz anders wahrnimmt als das menschliche Auge. Eine Aufnahme, die als Porträt mit Hintergrundlicht geplant war, wird zur Silhouette, oder eine hell erleuchtete Szene wirkt zu dunkel. Nicht immer entspricht die Fotografie der vor Ihnen liegenden Bildszene.

Dafür gibt es vor allem zwei Gründe. Der erste ist, dass Ihre Kamera stets versucht, die für eine Aufnahme optimale Belichtung einzustellen. Sie wählt Blende und Verschlusszeit so aus, dass genug Licht auf den Bildsensor fällt, um ein richtig belichtetes Bild zu erzeugen.
Da die Kamera stets von der gleichmäßigen Ausleuchtung einer Bildszene ausgeht, kann es dennoch zu Fehlbelichtungen kommen. Wenn Sie in einem dunklen Raum fotografieren, ist das entstehende Foto wahrscheinlich heller als die Originalszene. Dies liegt daran, dass die Kamera bei der Belichtungseinstellung immer die gleiche Durchschnittshelligkeit zugrunde legt. Ähnliches geschieht bei der Fotografie einer Person vor hellem Himmel. Dabei entsteht eine Aufnahme, bei der der Himmel richtig belichtet wird, das Gesicht der abgebildeten Person aber kaum zu erkennen ist.

Der zweite Grund dafür, dass Ihre Bilder nicht immer so aussehen, wie Sie sich das vorstellen, ist die unterschiedliche Wahrnehmung der Umgebung durch das menschliche Auge und die Kamera. Wo Sie eine Landschaft voller Details vor einem hellen, aber bewölkten Himmel sehen, wird die Kamera wahrscheinlich ein Bild mit richtig belichtetem Himmel, aber zu dunklem Vordergrund aufnehmen. Ist hingegen der Vordergrund richtig belichtet, wird der Himmel überbelichtet und reinweiß. Im schlimmsten Fall erhalten Sie ein Bild, in dem der Himmel keine Zeichnung enthält und der Vordergrund dennoch zu dunkel ist. Dieses Problem kann nicht durch Anpassung der Belichtungseinstellungen gelöst werden, da dies nur zu einer anders ausgeprägten Fehlbelichtung führen würde. Wenn Sie das Bild stärker belichten, um den dunklen Vordergrund aufzuhellen, wird der Himmel zu hell abgebildet. Umgekehrt ergibt eine geringere Belichtungsstärke zwar einen detaillierten Himmel, nun ist der Vordergrund aber zu dunkel.

Richtig belichteter Himmel und zu dunkler Vordergrund

Richtig belichteter Vordergrund und überbelichteter Himmel

Bild mit sowohl über- als auch unterbelichteten Bildpartien

Ein HDR-Bild ermöglicht die Kombination sehr heller und sehr dunkler Bereiche einer Bildszene, deren Details mit einer einzigen Belichtung nicht vollständig erfasst werden könnten.

Das Problem besteht darin, dass der Kontrastumfang des Motivs größer ist als der Kontrastumfang, den die Kamera aufzeichnen kann. Einfach ausgedrückt bedeutet Kontrastumfang das Verhältnis zwischen den hellsten und den dunkelsten Tonwerten eines Bildes. Dies wird in LW (Lichtwert, auch Exposure Value/EV) gemessen. Der Lichtwert beschreibt die Kombinationen von Verschlusszeit und Blendenzahl, die zur gleichen Belichtung eines Bildes führen. Andere häufig in diesem Kontext verwendete Begriffe sind „Blendenstufen“ und „Kontrastverhältnis“.

Wenn wir ein Motiv betrachten, können wir zwischen 10 und 14 LW (oder Blendenstufen) wahrnehmen. Berücksichtigt man, dass unsere Augen sich an verschiedene Helligkeitsstufen anpassen können, erhöht sich dieser Wert auf etwa 24 LW. Digitalkameras können lediglich einen Lichtwertumfang zwischen 5 und 9 Blendenstufen erfassen. Enthält eine Bildszene mehr als 9 LW-Stufen, kann durch keine Kombination von Blende und Verschlusszeit der volle Kontrastumfang der Szene eingefangen werden. Sie können die Aufnahme nur für die Darstellung der Schatten oder der hellen Bildbereiche optimieren, werden aber unweigerlich Bildinformationen verlieren.

Als Fotograf hat man nun drei Möglichkeiten. Zunächst kann man auf Motive verzichten, deren Lichtwertumfang die Qualität des Bildes negativ beeinflussen würde. Für eine Landschaftsfotografie bedeutet das, mit der Aufnahme zu warten, bis die hellsten und dunkelsten Bildbereiche in einen kleineren LW-Bereich fallen.

Die zweite Möglichkeit ist die Verwendung eines Grauverlaufsfilters, um die hellen Motivstellen abzudunkeln. Diese Filter verdunkeln einzelne Bildbereiche um 1-3 LW und eignen sich besonders für die Landschaftsfotografie, da der Himmel oft sehr viel heller als der Bildvordergrund ist. Die Gradation des Filters ist fest vorgegeben, so dass sich diese Methode nur bei einer klaren Trennlinie zwischen den hellen und dunklen Bildbereichen eignet, beispielsweise eine Landschaft mit flachem Horizont. Wenig sinnvoll ist ein Grauverlaufsfilter für Motive mit unregelmäßigen hellen und dunklen Bildteilen.

Schließlich können Sie eine Reihe von Einzelbelichtungen aufnehmen, um sowohl in den tiefsten Schatten als auch in den hellsten Bildstellen Details aufzuzeichnen. Diese Einzelbelichtungen werden dann zu einem HDR-Bild kombiniert. Auf diese Technik werde ich mich in diesem Buch konzentrieren.

In JPEG-Dateien ist die Tonwertverteilung etwas anders als bei im RAW-Format aufgenommenen Bildern. Auch hier werden den hellen Bildbereichen mehr Helligkeitsstufen zur Verfügung gestellt. Wie die nebenstehende Tabelle zeigt, ist die Anzahl der jedem Helligkeitsbereich zugeordneten Lichtstufen jedoch gleichmäßiger aufgeteilt.

12-Bit-RAW-Datei	Tonwertstufen
1: Sehr helle Bildbereiche	2048
2: Helle Bildbereiche	1024
3: Mitteltöne	512
4: Dunkle Bildbereiche	256
5: Schattenpartien	128

8-Bit-JPEG-Datei	Tonwertstufen
1: Sehr helle Bildbereiche	69
2: Helle Bildbereiche	50
3: Mitteltöne	37
4: Dunkle Bildbereiche	27
5: Schattenpartien	20

Digitalsensoren und Kontrastverhältnis

Ihre Augen und der Sensor Ihrer Kamera reagieren ähnlich auf einfallendes Licht. In beiden Fällen treffen Photonen auf Rezeptoren, entweder auf die Netzhaut oder die lichtempfindlichen Zellen des Sensors. Es entsteht ein Signal, dessen Stärke von der Anzahl Photonen abhängt, die innerhalb einer bestimmten Zeitspanne auf den Rezeptor treffen. Da unsere Augen ständig Licht ausgesetzt sind, vermindert sich dieser Effekt auf die Netzhaut mit der Zeit. Bei der Kamera ist der Effekt additiv. Der Verschluss öffnet sich, in einer vorgegebenen Zeitspanne treffen Photonen auf die lichtempfindlichen Zellen, dann schließt sich der Verschluss wieder und die aufgenommenen Photonen werden verarbeitet. Basierend auf dem für jede Zelle ermittelten Wert entsteht ein digitales Signal, das die während der Belichtungszeit auf den Sensor gefallene Lichtmenge übermittelt.

Eine Digitalkamera kann einen Lichtwertumfang zwischen 5 und 9 Blendenstufen aufzeichnen, da jede lichtempfindliche Zelle des Sensors nur eine begrenzte Kapazität hat. Sobald das Maximum erreicht ist, bleibt das Signal stets das gleiche, unabhängig davon, wie viele weitere Photonen auf die Zelle treffen. Stellen Sie sich einen Eimer vor: Wenn er voll ist, kann man nichts mehr hineingießen. Helligkeitsunterschiede nimmt die Kamera ausschließlich als variierende Photonenanzahl wahr, die aufgezeichnet wurde. Läge die Kapazität der einzelnen lichtempfindlichen Zelle bei 1024 Photonen, betrüge der größtmögliche darstellbare Lichtwertumfang 10 LW (210 Stufen). In der Praxis wird dieser theoretische Wert niemals erreicht, da die Bilddetails in den dunkelsten Stellen der Aufnahme durch das sensorbedingte Bildrauschen nie ganz richtig aufgezeichnet werden. Zudem kann kein Analog-Digital-Signalwandler einzelne Photonen unterscheiden.

Ein weiteres Problem besteht darin, dass eine 12-Bit-RAW-Datei zwar theoretisch bis zu 4096 Helligkeitsstufen aufzeichnen kann, die den verschiedenen Helligkeitsbereichen zugewiesene Datenmenge jedoch variiert. 2048 Helligkeitsstufen stehen den hellsten Bildstellen zur Verfügung, 1024 der verbleibenden Stufen verteilen sich auf die nächsthelleren Bildbereiche, 612 Helligkeitsstufen auf die nächsthelleren Bildbereiche, und so weiter. Die Tabelle auf der linken Seite bietet einen Überblick. Den hellen Bereichen eines Bildes stehen also sehr viel mehr Helligkeitsstufen zur Verfügung. Bei einer normalen Fotografie fällt dies nicht sonderlich auf, bei einem HDR-Bild sind die Informationen in den Schatten des Bildes aber sehr viel wichtiger, wenn die Bilddetails aller Bildbereiche maximiert werden sollen. Stehen dort nicht genug aufgenommene Helligkeitsstufen zur Verfügung, ist es bei der späteren Umwandlung schwierig, ein „sauberes" Bild zu erzeugen. Es kommt zu Bildrauschen, Banding oder anderen digitalen Artefakten in den dunklen Bereichen des konvertierten Fotos.

Das Kontrastverhältnis anderer Geräte

Man könnte meinen, die Lösung für den Umgang mit kontrastreichen Bildern läge in der Entwicklung von Kamerasensoren, die einen größeren Kontrastumfang aufzeichnen können. Aber auch die Präsentation der Fotografien muss berücksichtigt werden. Digitalkameras können ungefähr 5-9 LW aufzeichnen, dies entspricht einem Kontrastverhältnis von 32:1 bis 512:1. Der Kontrastumfang einer Szene kann aber sehr viel höher sein. Der Lichtwertumfang eines Motivs, das sehr helle Bildstellen und tiefe Schatten enthält, kann etwa 14 LW umfassen. Das entspricht einem Kontrastverhältnis von 16 384:1. Selbst wenn die Kamera diese Anzahl Helligkeitsstufen aufnehmen könnte, gäbe es nur sehr wenig Möglichkeiten, ein solches Bild korrekt wiederzugeben. Ein Fotoausdruck umfasst üblicherweise ein Kontrastverhältnis von ungefähr 300:1. Ein Computermonitor kann ein Kontrastverhältnis von etwa 500:1 darstellen. Selbst wenn Ihre Kamera einen sehr viel größeren Lichtwertumfang aufnehmen könnte, die meisten Ausgabegeräte sind für einen geringeren Kontrastumfang konzipiert und könnten das Bild nicht richtig darstellen. Es gibt einige Hochkontrastmonitore, die ein Kontrastverhältnis von 200 000:1 abbilden können. Sie sind aber unglaublich teuer und in nächster Zeit wahrscheinlich nicht käuflich zu erwerben.

Das Histogramm

Das Histogramm wird für jeden Schritt der Bearbeitung eines HDR-Bildes benötigt, die Kenntnis seiner Funktion ist daher unerlässlich. Man verwendet das Histogramm, um den Lichtwertumfang einer Bildszene zu ermitteln, die richtige Belichtung der Einzelbilder einer Belichtungsreihe zu messen, bei der Konvertierung der HDR-Bilder Einstellungen anzupassen und die entstehenden Fotografien während des gesamten Bearbeitungsprozesses zu kontrollieren.

Wir haben den Zusammenhang zwischen Lichtwertumfang einer Szene und Kontrastumfang des Kamerasensors bereits behandelt. Oft übersteigt der Lichtwertumfang die Fähigkeiten des Sensors, dann werden einzelne Bildbereiche über- oder unterbelichtet. Der verwandte Begriff „Tonwertumfang" bezeichnet Umfang und Verteilung der Tonwerte der hellsten und der dunkelsten Stellen eines Bildes. Eine Aufnahme mit einem großen Tonwertumfang enthält sowohl helle als auch dunkle Bildstellen und viele dazwischenliegende Tonwerte. Ein Bild mit einem kleinen Tonwertumfang besteht vorwiegend aus Mitteltönen. Umfang und Verteilung der Tonwerte werden grafisch durch ein Histogramm dargestellt, einem Diagramm mit zwei Achsen. Die horizontale Achse zeigt die Verteilung der Tonwerte von Schwarz (links) bis Weiß (rechts). Die Höhe der Tonwertkurve gibt Aufschluss über die Anzahl Pixel eines bestimmten Tonwerts. Je steiler die Kurve des Histogramms, desto mehr Pixel dieses Tonwerts befinden sich im Bild.

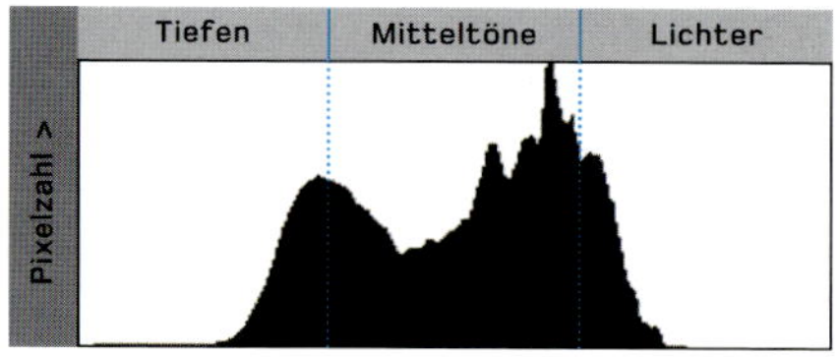

In diesem Beispiel sammeln sich die Bilddaten in der Mitte des Histogramms. Dies weist auf zweierlei hin. Erstens ist der Tonwertumfang ziemlich klein, es gibt kein reines Schwarz und Weiß, also weder tiefe Schatten noch helle Spitzlichter. In diesem Bild herrschen Mitteltöne vor. Zweitens erkennen wir, dass der Lichtwertumfang der Bildszene kleiner als der Kontrastumfang des Kamerasensors ist, da alle Tonwertinformationen auf die horizontale Achse des Histogramms „passen".

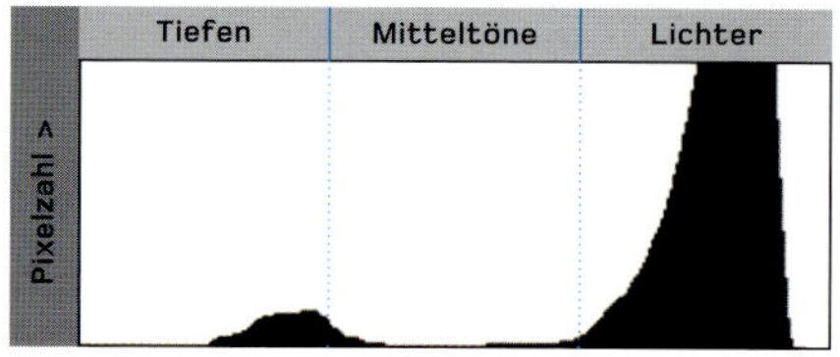

Auch bei diesem Foto konnte der gesamte Lichtwertumfang der Bildszene eingefangen werden. Das Histogramm hat jedoch eine ganz andere Form als das oben. Auf der rechten Seite sehen Sie eine große Ansammlung von Daten, eine kleinere Anhäufung befindet sich links davon. Der große Ausschlag rechts umfasst die hellen Tonwerte der Mauer, die kleine Anhäufung repräsentiert die dunkleren Bildteile mit dem Telefon auf dem roten Holzbrett.

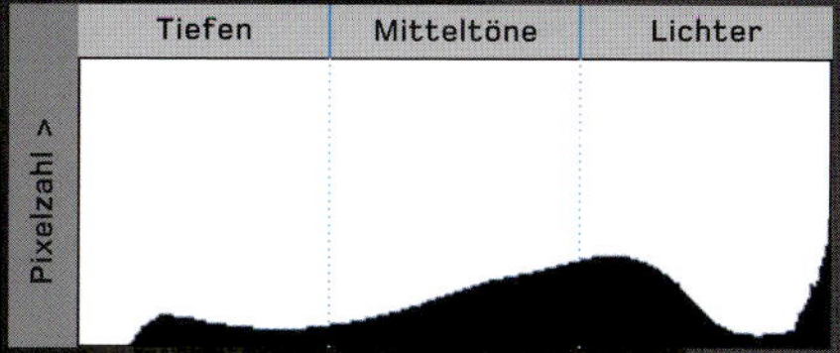

In diesem Beispiel stößt die Tonwertkurve an den rechten Rand des Histogramms. Dies weist darauf hin, dass ein Teil des Bildes überbelichtet ist. Wenn Sie sich das Originalbild ansehen, können Sie erkennen, warum. Ich wählte eine Belichtungseinstellung, mit der ich viele Tonwerte des Vordergrunds einfangen konnte. Da der Lichtwertumfang der Originalszene sehr hoch war, wurden die hellsten Bildstellen im Histogramm „beschnitten" (auch Clipping genannt). Diese Pixel werden in der Fotografie als reines Weiß dargestellt.

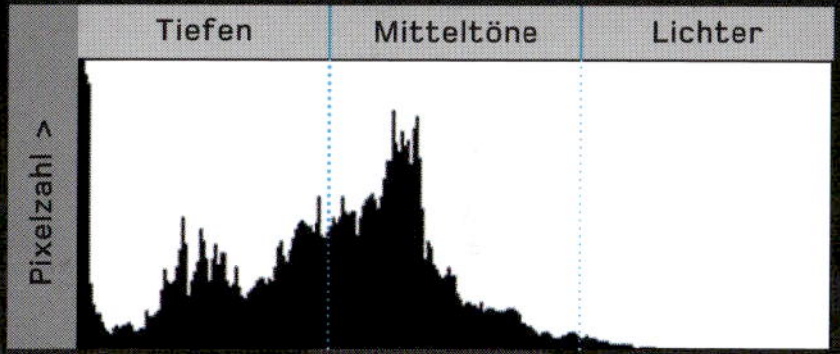

Das Bild enthält vorwiegend unterbelichtete Bildbereiche, Schatten und Details im Bildvordergrund weisen keine Zeichnung mehr auf. Im Histogramm ist dies erkennbar an der „beschnittenen" linken Seite, diese Bereiche sind völlig Schwarz. Wenn man das Foto stärker belichtet, verschiebt sich das Histogramm nach rechts, wodurch mehr Schattendetails eingefangen werden könnten.

Die Beispiele verdeutlichen, dass Histogramme wertvolle Informationen über die Belichtung eines Bildes liefern. Zudem bietet das kamerainterne Histogramm eine Möglichkeit, sowohl den Lichtwertumfang des Motivs als auch den aufgezeichneten Tonwertumfang zu beurteilen.

Durch genaue Beurteilung des Histogramms kann sichergestellt werden, dass das fertige HDR-Bild den gesamten Tonwertumfang enthält.

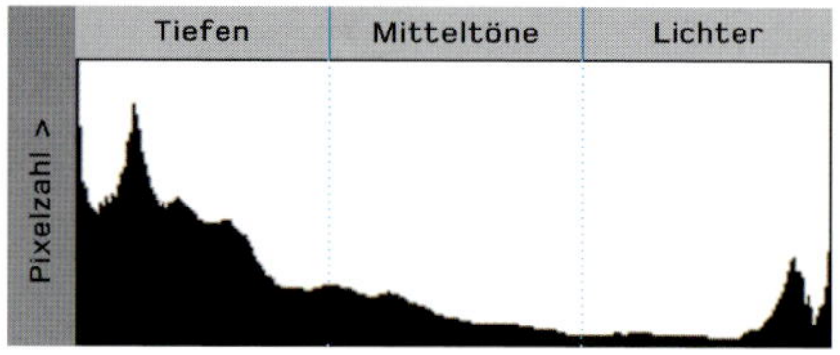

Im letzten Beispiel können Sie erkennen, dass sowohl die Tiefen als auch die Lichter beschnitten wurden, es gibt also tiefschwarze und reinweiße Bildbereiche. Der Lichtwertumfang der Originalszene ist sehr viel größer als der Kontrastumfang des Kamerasensors. Würde man die Belichtung so anpassen, dass mehr Zeichnung in den hellen Bildstellen aufgezeichnet wird, würden die Schatten noch dunkler dargestellt und umgekehrt.

RGB- und Helligkeits-Histogramme

Die Histogramme der vorherigen Beispiele sind Helligkeits-Histogramme, die die gesamte Bildszene erfassen. Einige Digitalkameras ermöglichen die Anzeige eines RGB-Histogramms, das die drei Farbkanäle (Rot, Grün und Blau) einzeln darstellt. Ein RGB-Histogramm ist oftmals genauer als ein Helligkeits-Histogramm. Wenn das Helligkeits-Histogramm anzeigt, dass das Bild den vollen Tonwertumfang eines Motivs einfängt, kann das RGB-Histogramm aufzeigen, dass die Belichtung des Grün- und Blau-Kanals korrekt ist, einige Bildinformationen des roten Farbkanal aber überbelichtet sind. Über- und unterbelichtete Bildbereiche sollten Sie auf jeden Fall vermeiden, wenn Sie eine Bildsequenz für die HDR-Bearbeitung fotografieren. Jedes Hilfsmittel zur Vermeidung von Belichtungsfehlern ist dabei von unschätzbarem Wert.

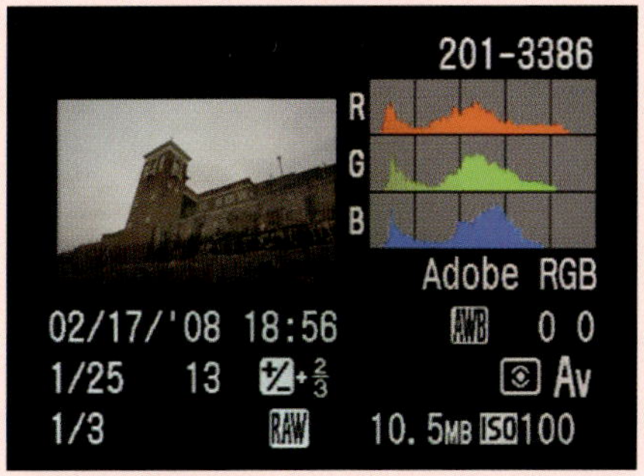

Kamerainternes RGB-Histogramm

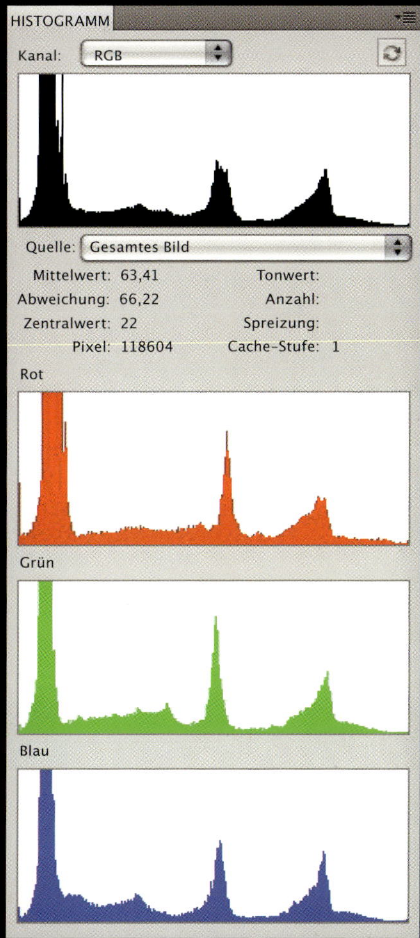

Photoshop-Histogramme

Wenn Sie mit Photoshop arbeiten, können Sie Ihre Bilder ebenfalls mit einem Histogramm überprüfen. Klicken Sie auf *Fenster > Histogramm*, um die Histogramm-Palette zu öffnen. Voreingestellt ist ein Helligkeits-Histogramm ähnlich dem Ihrer Kamera, es kann aber auch ein RGB-Histogramm aufgerufen werden.

Um das RGB-Histogramm einzublenden, klicken Sie auf das Drop-down-Menü rechts oben und wählen den Menüpunkt *Alle Kanäle in Ansicht*. Daraufhin werden die Histogramme der drei Farbkanäle sowie das ursprüngliche kombinierte Histogramm angezeigt. Insbesondere bei der Nachbearbeitung kann dies nützlich sein, um zu verhindern, dass unbeabsichtigt Tiefen oder Lichter eines einzelnen Farbkanals beschnitten werden. Um sicherzustellen, dass dies nicht passiert, sollten Sie so oft wie möglich das RGB-Histogramm der Kamera aufrufen. Gewöhnen Sie sich auch an, Ihre Bilder auf dem LCD-Monitor zu überprüfen. Wenn Sie in einem oder mehreren der drei Kanäle Hinweise auf Über- oder Unterbelichtung entdecken, passen Sie die Belichtungseinstellungen an und wiederholen Sie die Aufnahme.

Die Histogramm-Ansicht *Alle Kanäle* in Photoshop

Standardmäßiges Helligkeits-Histogramm von Photoshop

HDR und Tonemapping

Sonnenuntergang in Dubai

Ist der Lichtwertumfang einer Bildszene größer als der Kontrastumfang der Kamera, muss man sich damit abfinden, dass nicht alle Details mit nur einem Bild eingefangen werden können. Es kommt zu Detailverlust in den Schatten oder hellen Bildstellen, manchmal sind auch beide Bereiche betroffen. Nicht immer ist das ein Problem. Wählen Sie eine Belichtungseinstellung, bei der die Bereiche des Bildes richtig belichtet werden, die Ihnen am wichtigsten sind. Bei der links abgebildeten Aufnahme orientierte ich mich für die Belichtung am Sonnenuntergang und den hellen Spiegelungen auf der Wasseroberfläche. Die junge Frau im Vordergrund wird zu einer Silhouette. Hier führt der Verlust von Bilddetails zu einem reduzierten und wirkungsvolleren Bildeindruck.

–2 LW

–1 LW

Gemessene Belichtung

+1 LW

+2 LW

+3 LW

Wenn Sie die Histogramme des hellsten und des dunkelsten Bildes miteinander vergleichen, stellen Sie fest, dass diese miteinander kombiniert den kompletten Lichtwertumfang der Bildszene aufzeichnen, ohne die Schatten und Lichter zu beschneiden.

Das Histogramm der dunkelsten Belichtung (-2 LW)

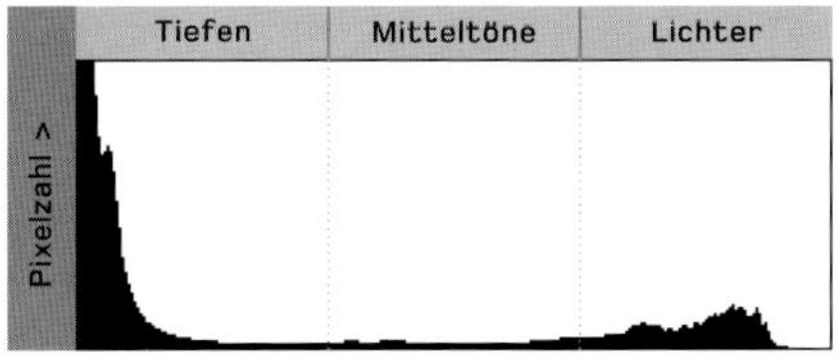

Das Histogramm der hellsten Belichtung (+3 LW)

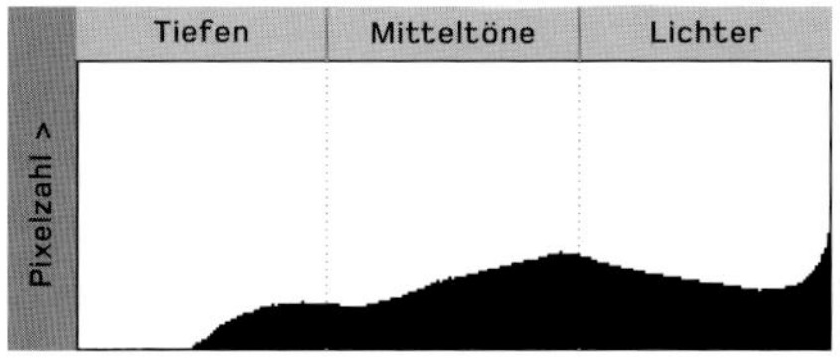

Der Lichtwertumfang der Originalszene beträgt ungefähr 5 LW (oder Blendenstufen) und überschreitet den Kontrastumfang der Kamera. Eine Serie mit Einzelbelichtungen von -2 LW bis +3 LW ist nötig, um den gesamten Tonwertumfang aufzuzeichnen. Im Anschluss wird diese Sequenz zu einem HDR-Bild (High Dynamic Range Image) zusammengefügt oder konvertiert. Mit HDR wird oft ein ganz bestimmter Fotografiestil beschrieben. Das ist jedoch nicht ganz richtig. Als 32-Bit-Bilddatei kann ein HDR-Bild mit gewöhnlichen „Low Dynamic Range"-Geräten wie Computermonitoren und Druckern nicht korrekt abgebildet werden. Wohl fast alle HDR-Bilder, die Sie bisher gesehen haben, auch die Bilder in diesem Buch, sind in Wirklichkeit LDR-Bilder, obgleich sie mithilfe von HDR-Techniken entstanden.

Unkonvertierte HDR-Bilder wirken nicht besonders spektakulär, zumindest nicht auf einem Standardmonitor oder als normaler Ausdruck. Dabei kann nur ein kleiner Bereich des gesamten Kontrastumfangs wiedergegeben werden. Die „reine" 32-Bit-HDR-Fotografie des Piers sieht daher kaum besser aus, als eine beliebige Einzelaufnahme der Belichtungsreihe. Auch hier kommt es zu beschnittenen Tiefen und Lichtern.

Obwohl ein HDR-Bild sämtliche Tonwerte in den Schattenpartien und hellen Bildbereichen der Originalszene enthält, können wir nicht alle Details sehen, wenn wir die Aufnahme auf einem gewöhnlichen LDR-Gerät betrachten. Die Erstellung einer HDR-Datei ist also nur der erste Schritt. Diese Datei muss noch in ein LDR-Bild zurückkonvertiert werden. Dieses Verfahren heißt *Tonemapping*.

32-Bit-HDR-Datei

Ein „typisches" HDR-Bild enthält alle Informationen der Originalszene

Mit Photomatix Pro in ein LDR-Bild konvertierte Fotografie

Mit Photoshop in ein LDR-Bild konvertierte Fotografie

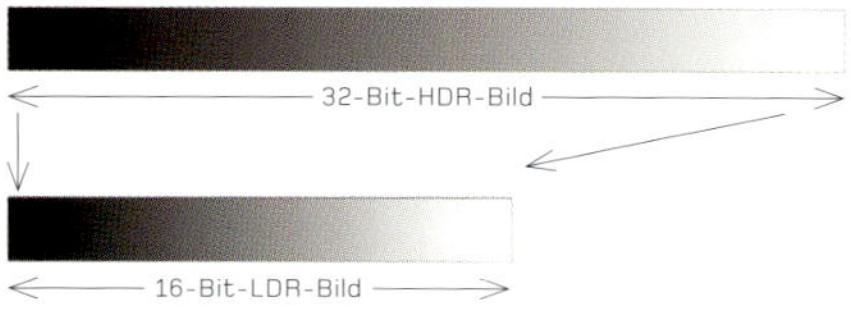

Tonemapping einer 32-Bit-HDR-Datei

Tonemapping

Beim Tonemapping eines 32-Bit-HDR-Bildes geht es einfach gesagt darum, die Bilddaten auf einen Bereich zu verkleinern, der von Monitoren oder Druckern ausgegeben werden kann. Bei der einfachsten Tonemapping-Methode von Photoshop (siehe Kapitel 4) wird das HDR-Bild des Piers in eine Datei mit 16 Bit (oder 8 Bit) komprimiert, die alle Tonwerte der Schatten und Lichter enthält.

Diese Art der Umwandlung führt jedoch nicht zu außerordentlich guten Ergebnissen. Zwar stehen uns nun in den Schattenpartien und hellen Bildbereichen die gesamten Tonwerte der Originalszene zur Verfügung, die Unterseite des Piers und der Vordergrund sind aber immer noch sehr dunkel. Der Himmel und die hellen Bildstellen weisen kaum Zeichnung auf.

Dieses spezielle Tonemapping-Verfahren wendet einen globalen Algorithmus an, um die 32-Bit-HDR-Datei umzuwandeln. Jedes Pixel wird auf die gleiche Weise konvertiert. Dabei wird die Leuchtdichte der Pixel einheitlich geändert, um sicherzustellen, dass alle Informationen in den kleineren Leuchtdichte-Umfang eines LDR-Bildes passen.

Bei gleichmäßiger Leuchtdichteverteilung kann dieses globale Tonemapping gute Resultate erzielen. Lokales Tonemapping führt jedoch oftmals zu besseren Ergebnissen. Lokale Tonemapping-Verfahren verändern die Leuchtdichte der Pixel nicht einheitlich, sondern passen sie den umgebenden Bildpixeln an. Die Mathematik, die hinter diesem Prozess steckt, ist außerordentlich komplex. Das Ergebnis ist eine ungleichmäßige Kontrasterhöhung in den verschiedenen Bildbereichen. Für die Konvertierung der endgültigen Fotografie des Piers wendete ich das lokale Tonemapping-Verfahren von Photomatix-Pro an. Die entstandene Aufnahme ist sehr viel effektvoller (oben).

HDR-Bild nach Tonemapping

Originalbild

Erhöhter lokaler Kontrast

Der Vordergrund des Bildes und die Unterseite des Piers wirken nun sehr viel kontrastreicher. Bei der globalen Umwandlung in Photoshop wurden diese Bereiche sehr dunkel dargestellt. Auch die hellen Bildpartien weisen sehr viel mehr Details und einen höheren Kontrast auf. Das lokale Tonemapping-Verfahren erzeugte ein viel besseres Bild.

Ich werde mich deshalb in diesem Buch vorwiegend auf lokale Tonemapping-Algorithmen für die Erzeugung von LDR-Bildern konzentrieren. Die Stärke dieses Effektes kann variieren, je nach gewünschter Bildwirkung.

Das Bild des Einkaufswagens und der Mülltonne (oben) wirkt eher wie eine Illustration als eine Fotografie, wenn die HDR-Datei in ein LDR-Bild konvertiert wurde. Das endgültige Bild ist das Ergebnis der Umwandlung einer RAW-Datei (siehe Kapitel 6) und wurde so verarbeitet, dass der lokale Kontrast maximiert wurde. Im Originalbild wirkt die Mülltonne sehr dunkel, nach dem Tonemapping hat sie den gleichen Tonwertumfang wie die anderen Bereiche des Bildes. Der globale Kontrast der Originaldatei, bei dem einige Bereiche eindeutig dunkler sind als andere, wurde im endgültigen Bild durch das Tonemapping fast vollständig entfernt.

Sehr viel natürlicher wirkt das durch Tonemapping entstandene Bild des Gebäudes und der Kräne, für das sieben Einzelbelichtungen aufgenommen wurden, um den gesamten Kontrastumfang einzufangen. Zwar war der Kontrastumfang der Originalszene sehr hoch, während des Tonemappings wurde jedoch nur wenig lokaler Kontrast hinzugefügt, wodurch die dunklen Bildstellen sehr dunkel blieben und die hellen Bildstellen immer noch deutlich heller sind als der Rest des Bildes. Das endgültige Bild wirkt sehr viel fotorealistischer als das Foto des Einkaufswagens, und doch können beide Dateien als HDR-Bilder bezeichnet werden.

Kapitel 2

Fotografieren für HDR

Kameraeinstellungen und Ausrüstung

Nachdem wir uns mit den Grundlagen der HDR-Fotografie befasst haben, wenden wir uns nun den praktischen Aspekten zu: der benötigten Ausrüstung, der Belichtungsmessung einer Szene mit großem Lichtwertumfang und der Aufnahme von Belichtungsreihen, um die Qualität des endgültigen Bildes zu optimieren. Glücklicherweise benötigt man keine umfangreiche Ausrüstung, um beeindruckende HDR-Bilder zu erzielen. Wahrscheinlich haben Sie schon alles, was Sie für den Anfang brauchen.

Für die HDR-Fotografie können digitale Kompakt- oder Spiegelreflexkameras eingesetzt werden. Wichtig ist, dass man die Verschlusszeit verändern kann, während die Blendenöffnung beibehalten wird. Sie kennen vermutlich die drei Möglichkeiten, die Belichtung einer Fotografie anzupassen. Sie können die Blendenzahl, die Verschlusszeit oder die ISO-Empfindlichkeit verändern. Für die Aufnahme einer HDR-Belichtungsreihe wird nur die Verschlusszeit geändert. Durch die Wahl einer anderen Blende würde sich auch die Schärfentiefe des Bildes und somit das gesamte Motiv verändern und es wäre schwierig, wenn nicht gar unmöglich, die Belichtungen zu einem einzigen Bild zusammenzufügen.

Wenn Sie die drei unten abgebildeten Fotos betrachten (die mit Blende 4, 8 und 16 aufgenommen wurden), stellen Sie fest, dass diese zwar die gleiche Szene abbilden, sich aber stark unterscheiden. Es handelt sich nicht um eine Belichtungsreihe, da die Belichtungseinstellungen jedes Fotos auf der Messung der Kamera basieren, aber sie demonstrieren den Effekt sehr deutlich. Es wäre unmöglich, ein einheitliches HDR-Bild aus einer Belichtungsreihe zu erzeugen, deren Bilder eine unterschiedliche Schärfentiefe aufweisen.

Blende 4

Blende 8

Blende 16

Auch die Änderung der ISO-Empfindlichkeit beeinflusst die Bildwirkung, in diesem Fall das wahrgenommene Bildrauschen. Für eine Belichtungsreihe mit drei Einzelaufnahmen, zwischen denen 2 LW (oder Blendenstufen) liegen, müsste ISO 100 für das dunkelste Bild, ISO 400 für die von der Kamera gemessene Belichtung und ISO 1600 für das hellste Bild gewählt werden. Wahrscheinlich haben Sie bereits bemerkt, dass sich das Bildrauschen mit zunehmender ISO-Empfindlichkeit verstärkt. Rote, grüne und blaue Punkte werden sichtbar. Selbst mit der besten digitalen Spiegelreflexkamera wäre bei der Aufnahme mit ISO 1600 deutlich mehr Bildrauschen vorhanden als bei den anderen beiden Bildern.
Fügt man die Fotos zu einem HDR-Bild zusammen, ist das Ergebnis nicht optimal. Verändern Sie also ausschließlich die Verschlusszeit, wenn Sie eine Belichtungsreihe für HDR aufnehmen.

Digitale Spiegelreflexkameras eignen sich sehr gut für die HDR-Fotografie, da sie im manuellen Modus vollständige Kontrolle über die Belichtung ermöglichen.

Superzoom-Kameras verfügen normalerweise über die Aufnahmemodi Zeitautomatik und Manuell, daher eignen sie sich ebenfalls für die HDR-Fotografie.

Nur wenige High-End-Kompaktkameras bieten die nötigen Einstellungsmöglichkeiten für HDR-Fotografie.

Automatische Belichtungsreihen

Fast alle digitalen Spiegelreflexkameras und einige digitale Kompaktkameras bieten die Möglichkeit, automatische Belichtungsreihen zu erstellen. Dabei werden mindestens drei Einzelbilder aufgenommen: eine Aufnahme mit den von der Kamera gemessenen Belichtungseinstellungen, eine unterbelichtete und eine überbelichtete Aufnahme. Wählen Sie bei der Belichtungsreihenfunktion die Zeitautomatik. So wird die eingestellte Blende fixiert und nur die Verschlusszeit verändert, um die Belichtung anzupassen.

Dies ist die beste Methode, wenn der Lichtwertumfang der Originalszene mit einer automatischen Belichtungsreihe eingefangen werden kann (das hängt vom Lichtwertumfang der Szene und den Einstellungsmöglichkeiten der Kamera ab). Die Einzelbilder werden sehr schnell hintereinander aufgenommen, wodurch sich die Gefahr reduziert, dass sich das Motiv oder die Kamera zwischen den Belichtungen bewegt.

Belichtungskorrektur

Wenn Ihre Kamera keine Belichtungsreihenfunktion besitzt, so doch wahrscheinlich eine Funktion zur Belichtungskorrektur. Auch diese kann für die Aufnahme einer HDR-Belichtungsreihe verwendet werden. Stellen Sie die Belichtungskorrektur auf eine Unterbelichtung von -2 LW ein und nehmen Sie das erste Bild auf. Wählen Sie dann die von der Kamera gemessenen Werte (0 LW) für das zweite Bild. Schließlich stellen Sie die Belichtungskorrektur auf +2 LW, um das hellste Bild der Belichtungsreihe aufzunehmen. Fast jede Kompaktkamera und die meisten digitalen Spiegelreflexkameras limitiert Sie auf einen Korrekturbereich von ±2 LW. Dieser Bereich ist jedoch meist für eine einfache HDR-Sequenz ausreichend.

Manueller Modus

Eine Alternative zu automatischen Belichtungsreihen und der Belichtungskorrektur ist die Aufnahme einer Belichtungsreihe im manuellen Aufnahmemodus. Dabei verändern Sie die Länge der Verschlusszeit der Einzelbelichtungen per Hand. Das ist keine ideale Methode, da sie mehr Zeit beansprucht, fehleranfälliger ist und das Risiko birgt, die Kamera zwischen den Aufnahmen zu bewegen. Ist der Lichtwertumfang einer Szene jedoch sehr groß, ist sie manchmal die einzige Alternative.

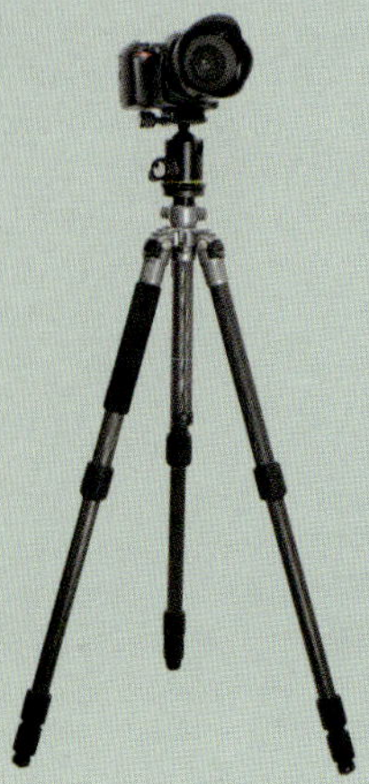

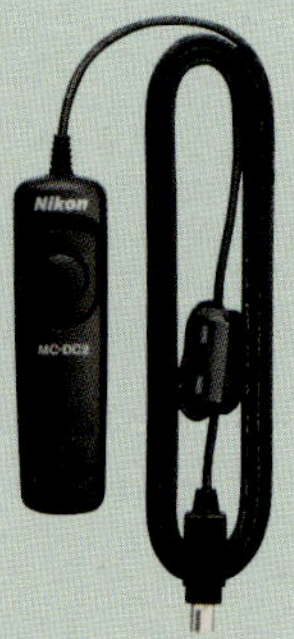

Stativ

Für die Aufnahme einer Bildsequenz für die HDR-Fotografie brauchen Sie nur eine Kamera, deren Verschlusszeit kontrollierbar ist, es gibt aber noch einige andere nützliche Ausrüstungsgegenstände. Ein Stativ ist für viele Fotografen wichtiger Teil der Grundausrüstung. Alle HDR-Programme verwenden Algorithmen, um die Bilder einer automatischen Belichtungsreihe nahtlos übereinanderzulegen. Dies ermöglicht die Fotografie einer Belichtungsreihe aus der Hand, insbesondere dann, wenn sie nur wenige Einzelbelichtungen umfasst. Das funktioniert allerdings nicht immer.
Auch wenn Sie glauben, Ihre Kamera sehr ruhig halten zu können, empfehle ich die Verwendung eines Stativs, um die Kameraposition zu fixieren. Je stabiler das Stativ ist, desto besser sind gewöhnlich die Resultate, besonders wenn Sie bei der Aufnahme einer Belichtungsreihe Einstellungen verändern müssen.
Aber selbst ein einfaches Stativ ist besser als gar keines.

Fernauslöser

Auch ein Kabel- oder Fernauslöser verringert Kamerabewegungen bei der Aufnahme einer Belichtungsreihe. Besonders wichtig ist dies, wenn eine oder mehrere Einzelbilder der Belichtungsreihe mit sehr langer Verschlusszeit aufgenommen werden, da die kleinste Kamerabewegung zu Verwacklungen führen würde.

Wenn Sie keinen Fernauslöser besitzen oder Ihre Kamera keinen entsprechenden Anschluss hat, können Sie den Selbstauslöser der Kamera einsetzen. Auch dadurch minimiert sich die Gefahr von Kamerabewegungen.

Gegenlichtblende

Eine Gegenlichtblende ist sehr nützlich für die Aufnahme von HDR-Belichtungsreihen, da sie einfallendes Streulicht reduziert. Streulicht ist insbesondere bei der HDR-Fotografie ein Problem, da während des Entstehungsprozesses eines HDR-Bildes der Kontrast maximiert wird. Streulichteffekte werden dadurch verstärkt und sollten deshalb von vornherein vermieden werden.

Wenn Sie kein Stativ bei sich haben, versuchen Sie, die Kamera auf dem Boden, an einer Mauer oder einem anderen Gegenstand abzustützen. Die Kamera muss so ruhig wie möglich gehalten werden, sowohl bei der Belichtung als auch zwischen den Aufnahmen einer Belichtungsreihe.

Für die Sequenz aus sieben Einzelbildern, die ich für dieses Bild eines Handkarrens aufnahm, stellte ich die Kamera auf den Boden. Zusätzlich bot das eine sehr viel interessantere Perspektive als bei der Fotografie aus größerer Höhe.

Bei schwachem Licht ist ein Stativ unabdingbar – nicht nur für die HDR-Fotografie.

Messung des Kontrastumfangs

Einer der wichtigsten Teilschritte bei der Erstellung einer HDR-Fotografie ist die Aufnahme einer Belichtungsreihe, die den gesamten Kontrastumfang der Originalszene erfasst. Das hellste Bild fängt alle Tonwerte der Schattenpartien ein und das dunkelste Bild zeichnet alle Details der hellen Bildstellen auf. Gelingt Ihnen das nicht bei der Aufnahme, enthält das entstehende HDR-Bild unweigerlich beschnittene Tiefen oder Lichter.

In Kapitel 6 werde ich darauf eingehen, wie Sie HDR-Techniken einsetzen können, eine kontrastarme Bildszene zu verbessern, wenn der volle Kontrastumfang auch mit einer einzigen Belichtung eingefangen werden könnte. Dazu wird eine automatische Belichtungsreihe mit drei Bildern und einem Helligkeitsunterschied von 1-2 LW aufgenommen.

Auch wenn der Kontrastumfang nicht mit einer einzigen Aufnahme aufgenommen werden kann, aber nicht sonderlich umfangreich ist, reicht eine Belichtungsreihe mit drei Aufnahmen aus. Bei den drei unten abgebildeten Bildern und den Histogrammen der im Meer stehenden Metallobjekte können Sie sehen, dass die von der Kamera gemessene Belichtungseinstellung fast den gesamten Kontrastumfang einfängt, nur die Tiefen werden leicht beschnitten. Nach der Überprüfung dieser Aufnahme mit dem Histogramm könnten Sie sicher sein, dass eine automatische Belichtungsreihe mit drei Aufnahmen ausreicht, alle Tonwerte von den Schatten bis zu den hellen Bildstellen einzufangen.

Komplizierter wird es, wenn der Lichtwertumfang sehr viel größer ist als der Kontrastumfang des Kamerasensors. Werfen wir einen Blick auf die Bildserie, die zur Erstellung des Kranbildes auf Seite 21 aufgenommen wurde. Sie sehen, dass der Kontrastumfang der Originalszene sehr hoch war, etwa 10 LW größer als der Kontrastumfang der Kamera.

Hier reicht eine automatische Belichtungsreihe mit drei Einzelbelichtungen nicht aus, um den gesamten Kontrastumfang einzufangen. Die Szene muss vor Aufnahme der Belichtungsreihe genau analysiert werden, um die richtige Belichtung für das hellste und das dunkelste Bild und die Anzahl der Aufnahmen zu ermitteln.

-2 LW

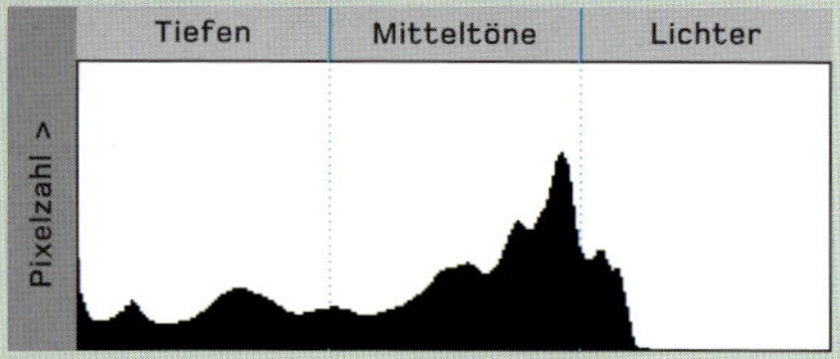

Gemessene Belichtung

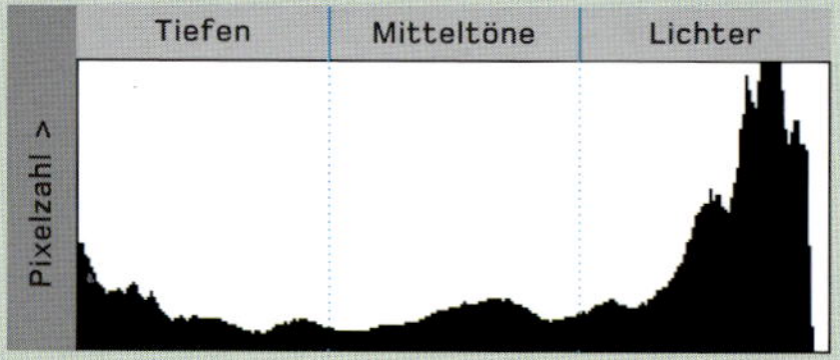

+2 LW

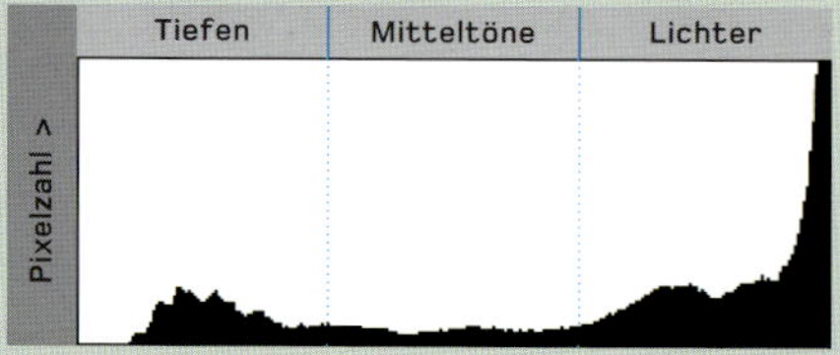

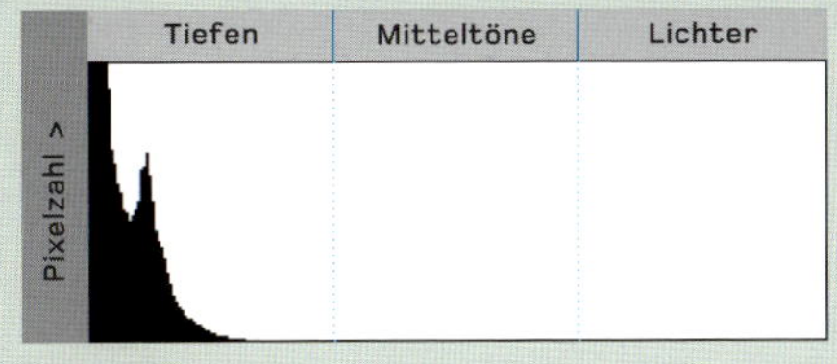

Histogramm der dunkelsten Aufnahme (–5 LW)

–5 LW

$-3^{1}/_{3}$ LW

$-1^{2}/_{3}$ LW

0 LW

$+1^{2}/_{3}$ LW

$+3^{1}/_{3}$ LW

+5 LW

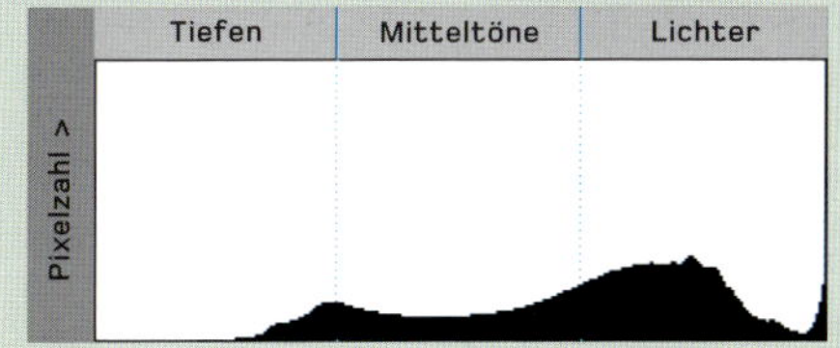

Histogramm der hellsten Aufnahme (+5 LW)

Spotmessung

Die einfachste Methode, das Licht einer Bildszene zu messen, ist die Spotmessung, entweder mit einem Handbelichtungsmesser oder der kamerainternen Belichtungsmessung. Wählen Sie zunächst die gewünschte Blende, am besten im Aufnahmemodus *Zeitautomatik*. Messen Sie dann die hellste und die dunkelste Stelle der Szene und merken Sie sich die ermittelte Verschlusszeit. Wenn die Messung des dunkelsten Bereichs eine Verschlusszeit von ¼ Sekunde, die des hellsten Bereichs 1/125 Sekunde ergibt, beträgt der Unterschied sechs Blendenstufen (6 LW). Sie müssen also sieben Belichtungen mit jeweils 1 LW Unterschied oder vier Belichtungen mit jeweils 2 LW Unterschied aufnehmen. Stellen Sie die Kamera auf den Modus *Manuell* ein, wählen Sie die Blende und fotografieren Sie die Belichtungsreihe. Fangen Sie mit dem hellsten oder mit dem dunkelsten Bild an und passen manuell die Verschlusszeit an, bis Sie die gesamte Sequenz fotografiert haben.

Spotbelichtungsmesser von Sekonic

Ausprobieren

Wenn Sie keinen Handbelichtungsmesser oder eine Kamera ohne Spotmessfunktion besitzen, können Sie die nötigen Belichtungen auch durch Ausprobieren ermitteln. Stellen Sie im manuellen Aufnahmemodus die gewünschte Blende ein und wählen Sie die vom Belichtungsmesser der Kamera ermittelte Verschlusszeit. Stellen Sie eine Verschlusszeit 2 LW unter der momentanen Belichtungseinstellung ein. Errechnet die Kamera beispielsweise 1/60 Sekunde, ändern Sie die Verschlusszeit auf 1/250 Sekunde. Machen Sie eine Aufnahme und überprüfen Sie im Anschluss das Histogramm. Werden die Lichter beschnitten, verringern Sie die Verschlusszeit um zwei Blendenstufen (2 LW) und nehmen ein weiteres Foto auf. Überprüfen Sie nochmals das Histogramm. Ist das Bild immer noch nicht dunkel genug, wiederholen Sie diesen Vorgang so lange, bis die hellen Tonwerte im Histogramm nicht mehr beschnitten werden. Notieren Sie sich die Verschlusszeit, da dies die Belichtungseinstellung für das dunkelste Bild Ihrer Belichtungsreihe wird.

Wiederholen Sie diesen Vorgang, um die Verschlusszeit für die hellste Aufnahme (die Details in den Schatten) zu ermitteln. Dabei verlängern Sie die Verschlusszeit und überprüfen das andere Ende des Histogramms. Werden die tiefen Tonwerte nicht mehr beschnitten, haben Sie die richtige Belichtungseinstellung für die hellste Aufnahme gefunden. Nun können Sie eine Belichtungsreihe fotografieren, indem Sie mit der hellsten Aufnahme beginnen und die Verschlusszeit verringern, bis die Einstellung für die dunkelste Aufnahme erreicht ist.

Optimale Belichtung

Oberflächlich betrachtet ähneln sich diese Histogramme. Beide weisen darauf hin, dass alle Schattendetails abgebildet werden. Da Digitalsensoren aber sehr viel weniger Details in den Schattenpartien eines Bildes aufzeichnen, sollten Sie darauf achten, dass das linke Ende der Histogrammkurve der hellsten Aufnahme nicht zu nahe an den Rand des Histogramms rückt.

Keines der beiden Histogramme zeigt beschnittene Schattenpartien, das erste Histogramm (A) ist aber der ideale Ausgangspunkt für eine HDR-Belichtungsreihe.

A

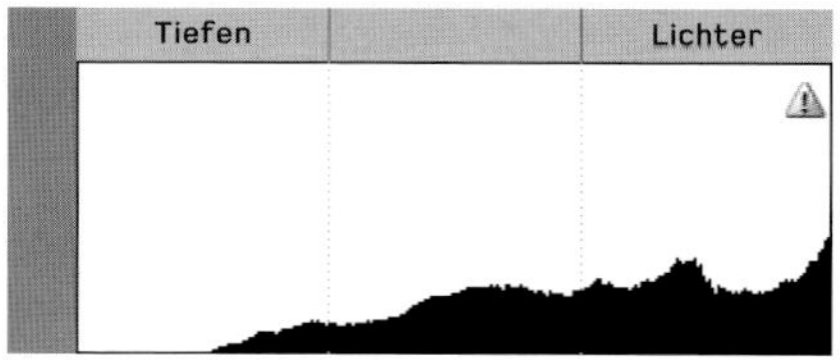

B

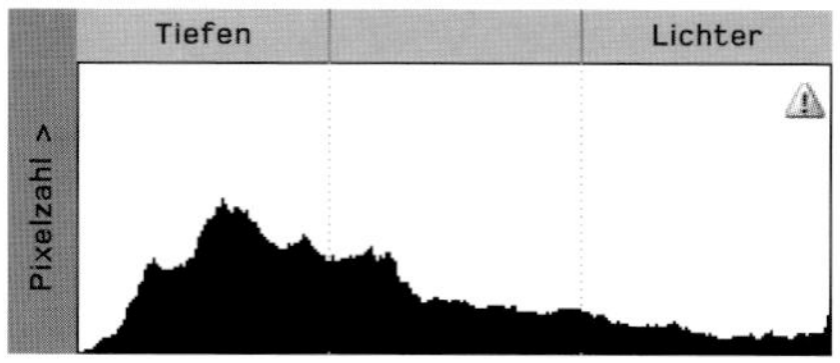

Diese siebenteilige Belichtungsreihe des Dubai International Financial Centers ist ein typisches Beispiel einer Bildsequenz für die HDR-Nachbearbeitung. Am Histogramm des ersten Bildes fällt auf, dass ein großer Teil der Schattendetails verloren geht, da das linke Ende der Kurve über den Rand hinausragt, während die hellen Bildstellen alle Tonwerte enthalten.

Das Histogramm des letzten Bildes (+3 LW) zeigt, dass zwar der gesamte Himmel und die hellen Bilddetails keine Zeichnung mehr aufweisen, dafür aber alle Tonwerte der Schatten aufgezeichnet werden konnten. Die Bilder zwischen diesen beiden Extremen decken den gesamten Tonwertbereich ab und wurden mit jeweils einer Blendenstufe (1 LW) Abstand aufgenommen. Das kombinierte Histogramm zeigt, dass der Kontrastumfang der Originalszene fast zwölf Blendenstufen (12 LW) umfasst. Dieser Bereich geht weit über die Fähigkeiten jedes nicht für HDR-Bilder entwickelten Geräts hinaus.

Nachdem ich die Belichtungsreihe aus sieben Aufnahmen fotografiert hatte, konnte ich mit Tonemapping ein Foto erstellen, das den gesamten Tonwertbereich von den dunkelsten bis zu den hellsten Bildbereichen abdeckt, ohne sichtbares Bildrauschen selbst in dunkelsten Bereichen.

Aufnahme einer Belichtungsreihe

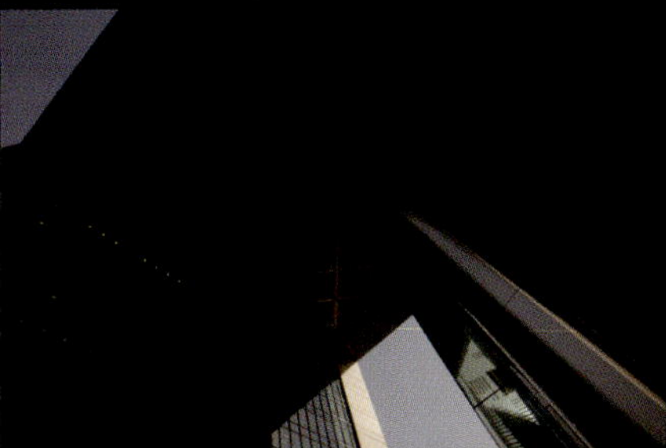
-3 LW

-2 LW

-1 LW

Gemessene Belichtung

+1 LW

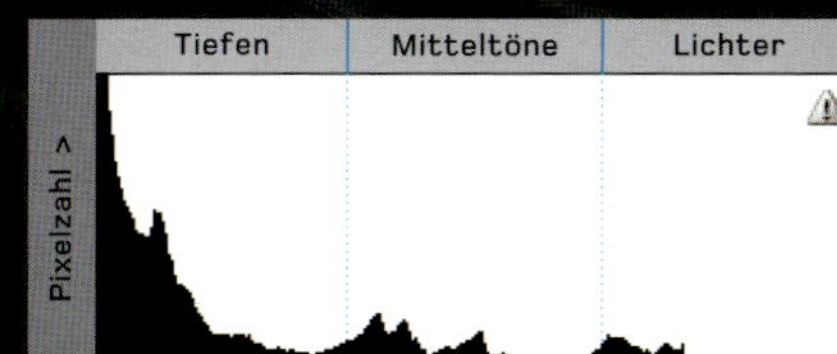

Histogramm der dunkelsten Aufnahme (-3 LW)

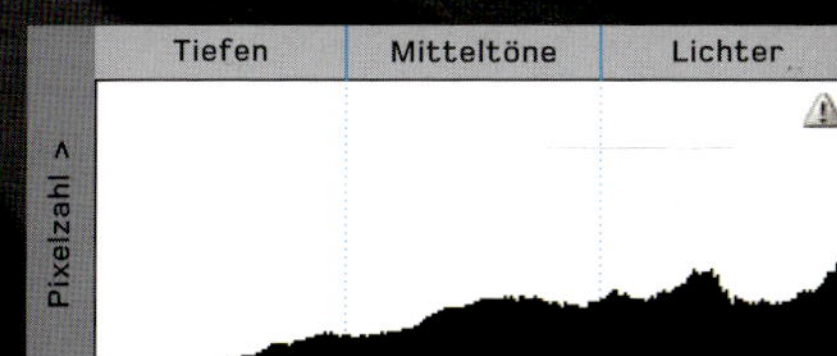

Histogramm der hellsten Aufnahme (+3 LW)

+2 LW

+3 LW

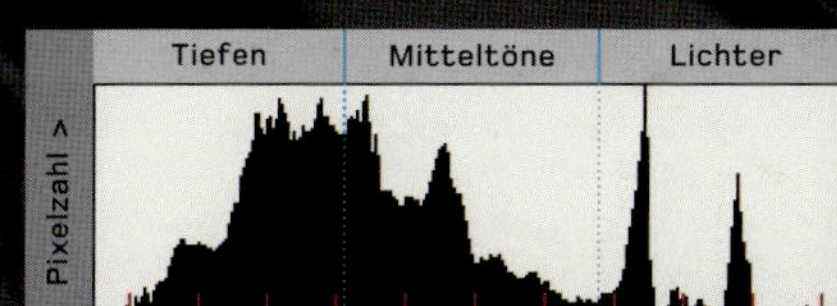

Kombiniertes Histogramm

Belichtungsintervall

Zwar gibt es keine feste Regel zum Abstand der Aufnahmen einer Belichtungsreihe, die Wahl eines Intervalls von 1 LW hat gegenüber 2 LW jedoch gewisse Vorteile.

Um das zu verdeutlichen, ist rechts eine weitere Bildsequenz abgebildet. Die Belichtungseinstellungen reichen von -3 LW bis +3 LW in Stufen von 1 LW. Wie Sie den Histogrammen des hellsten und des dunkelsten Bildes entnehmen können, deckt die Belichtungsreihe den Kontrastumfang dieser Szene vollkommen ab. Aber wie viele Belichtungen sind notwendig und welches LW-Intervall ist ideal für eine Belichtungsreihe, die einen bestimmten Lichtwertumfang einfangen soll?

-3 LW

-2 LW

-1 LW

Gemessene Belichtung

+1 LW

+2 LW

+3 LW

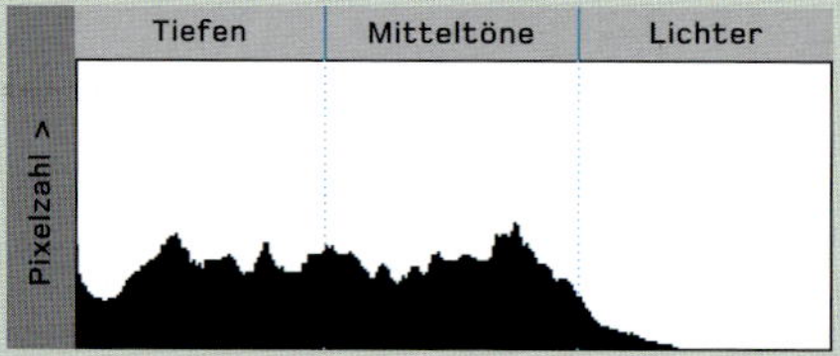

Histogramm der dunkelsten Aufnahme

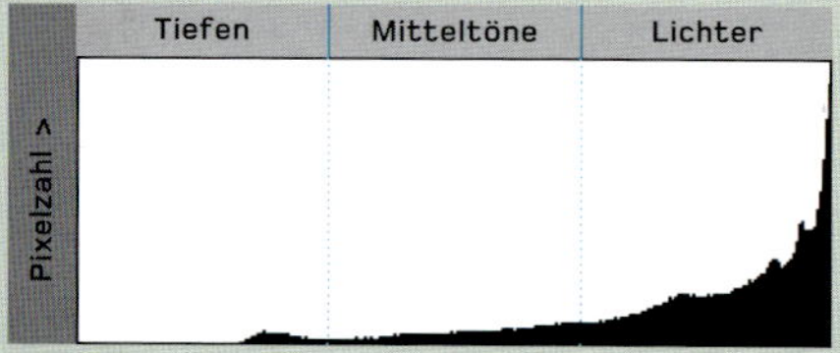

Histogramm der hellsten Aufnahme

Die folgenden Tonemapping-Bilder entstanden mit Photomatix Pro. Für alle vier Versionen wurden die extremsten Einstellungen gewählt, um die Unterschiede hervorzuheben. Solche Einstellungen führen auch unabhängig von anderen Faktoren unweigerlich zu Bildrauschen.

Wie Sie sehen, besteht kein großer Unterschied zwischen den Bildern, für die ein Intervall von 1 LW für die beiden Belichtungsreihen mit fünf und sieben Einzelaufnahmen gewählt wurde. Die beiden aus drei Belichtungen zusammengesetzten Bilder weisen eine deutlich schlechtere Qualität auf, insbesondere das Bild mit dem Intervall ±3 LW. Je kleiner das LW-Intervall zwischen den verschiedenen Belichtungen ist, desto weniger Bildrauschen entsteht und desto hochwertiger ist das fertige Bild.

► Bildausschnitt eines aus drei Aufnahmen zusammengesetzten Fotos: -2 LW, gemessene Belichtung, +2 LW

►► Bildausschnitt eines aus drei Aufnahmen zusammengesetzten Fotos: -3 LW, gemessene Belichtung, +3 LW

► Bildausschnitt eines aus fünf Aufnahmen zusammengesetzten Fotos: -2 LW, -1 LW, gemessene Belichtung, +1 LW, +2 LW

►► Bildausschnitt eines aus allen sieben Aufnahmen der Belichtungsreihe zusammengesetzten Fotos

Bildausrichtung

Im Idealfall nehmen die Bilder einer Belichtungsreihe nicht nur den kompletten Kontrastumfang der Originalszene auf, sondern zeigen auch immer genau den gleichen Bildausschnitt. Bei diesen drei Bildern einer kleinen Hütte verschob sich die Kamera bei der Aufnahme der Belichtungsreihe. Die einzelnen Fotos unterscheiden sich nur leicht, aber das aus diesen drei Aufnahmen entstandene Tonemapping-Bild ist durch die Fehlausrichtung völlig inakzeptabel.

Glücklicherweise ermöglichen alle in diesem Buch behandelten Programme die Korrektur solcher Passfehler. Sie arbeiten alle auf ähnliche Weise: Der Bildinhalt jeder Aufnahme wird während der Erstellung des HDR-Bildes mit den anderen Belichtungen verglichen. Dabei werden Perspektive, Drehung und Maßstab so angepasst, dass die Aufnahmen so genau wie möglich übereinander angeordnet sind. In einer zweiten Tonemapping-Version der Hütte wurden die Ausgangsbilder mit Photomatix Pro genau übereinandergelegt.

Die meisten HDR-Programme können diese Aufgabe gut bewältigen, dennoch sollten Sie versuchen, das Problem bereits bei der Aufnahme zu umgehen. Jedes Bild, das im Nachhinein angepasst werden muss, wird von der Software gedreht. Die fertige HDR-Fotografie muss anschließend an den Rändern beschnitten werden, wodurch Bildfläche eingebüßt wird.

Weichen die Bilder nur leicht voneinander ab, verlieren Sie dabei nur einen kleinen Bereich. Wie das rote Ausschnittsrechteck zeigt, muss auch bei dem Bild der Hütte keine umfassende Ausschnittsveränderung vorgenommen werden. Müssen jedoch größere Ungenauigkeiten ausgeglichen werden, kann dies durchaus zum Problem werden.

-2 LW

Gemessene Belichtung

+2 LW

Ergebnis bei ungleich ausgerichteten Ausgangsbildern

Korrigierte Bildausrichtung

Endgültiger Bildausschnitt

Geisterbilder

Ausrichtungsprobleme ergeben sich durch Kamerabewegungen zwischen den Einzelbelichtungen. Geisterbilder entstehen durch Objekte, die sich während der Aufnahme einer Belichtungsreihe bewegen. Bei der Aufnahme der kleinen Hütte flog ein Vogel durchs Bild, er ist in der rechten oberen Ecke zu sehen. Da der Vogel seine Position ständig änderte, erscheint er auf dem fertigen Tonemapping-Bild als geisterhaftes Bildelement.

Geisterbilder sind schwieriger zu korrigieren als Ausrichtungsprobleme. Nur eines der drei HDR-Programme, mit denen wir uns beschäftigen werden, bietet eine zuverlässige Methode, das Problem zu beheben. Am besten vermeidet man die Entstehung von Geisterbildern gleich bei der Aufnahme. Am einfachsten ist es, keine Motive zu wählen, die sich bewegen.

Oft ist das nicht möglich oder Sie bemerken gar nicht, dass sich etwas bewegt, wie zum Beispiel der Vogel in dieser Aufnahme.

Wenn Sie eine Bewegung sehen oder vorausahnen, sollten Sie mehrere Belichtungsreihen aufnehmen. So stehen Ihnen für jede Belichtungseinstellung mehrere Bilder zur Verfügung und Sie haben einen größeren Spielraum bei der Bildauswahl. Bei der Erstellung des HDR-Bildes können die Aufnahmen ausgewählt werden, in denen die Bewegung kaum oder gar nicht zu sehen ist.

Ist selbst das unmöglich, gibt es weitere Möglichkeiten, Geisterbilder zu entfernen. Da dies meist zeitaufwendig ist, sollten Sie das Problem wo immer möglich schon im Vorfeld vermeiden.

CHECKLISTE: Fotografieren für HDR

Fotografieren Sie mit Stativ	Obwohl man mit den meisten HDR-Programmen mehrere Belichtungen automatisch übereinander legen kann, kann man sich nicht vollständig auf diese Funktion verlassen. Idealerweise fotografiert man eine Belichtungsreihe daher mit Stativ. Bewegen Sie die Kamera zwischen den Einzelbelichtungen nicht und verwenden Sie wenn möglich einen Fernauslöser oder den Selbstauslöser der Kamera.
Anzahl Belichtungen	Nehmen Sie mindestens drei Einzelbilder auf, um optimale Ergebnisse zu erzielen. Die Belichtungsreihe sollte den vollen Kontrastumfang der Originalszene einfangen. Das dunkelste Bild darf keine Spitzlichter enthalten und die hellste Aufnahme sollte keine völlig schwarzen Schatten aufweisen. Die einfachste Methode, den Kontrastumfang einer Szene zu ermitteln, ist die Spotmessung. Messen Sie die hellste und die dunkelste Bildstelle und ermitteln Sie anhand dieser Daten die Belichtungsreihe. Wenn ihnen kein Spotbelichtungsmesser zur Verfügung steht, können Sie mit dem Histogramm die erste und die letzte Belichtungseinstellung ermitteln.
Belichtungsintervall	Es gibt keine feste Regel für Intervalle zwischen den Einzelaufnahmen einer Belichtungsreihe. Ich empfehle ein bis zwei Blendenstufen. Bei kleineren Intervallen wiederholen sich die Bildinformationen unnötig, bei höheren Intervallen als zwei Blendenstufen riskiert man den Verlust von Bildinformationen.
Automatische Belichtungsreihen	Mit den meisten Kameras kann man automatische Belichtungsreihen mit drei Einzelaufnahmen aufzunehmen, High-End-Geräte erlauben umfangreichere Belichtungsreihen. Kann der Kontrastumfang einer Szene mit drei Einzelbelichtungen eingefangen werden, verwenden Sie diese Funktion, um die Gefahr ungleich ausgerichteter Bilder zu minimieren.
Manuelle Belichtungsreihen	Müssen Sie die Kameraeinstellungen per Hand verändern, passen Sie entweder die Verschlusszeit an oder nutzen Sie die Belichtungskorrekturfunktion der Kamera. Ändern Sie nicht die Blende, da sich dann die Schärfentiefe verändert und die Bilder nicht mehr genau übereinander passen.
Fotografieren Sie schnell	Befinden sich keine bewegten Objekte in der Bildszene, ist Ihre Arbeitsgeschwindigkeit nicht entscheidend. Sich schnell bewegende Motive wie Menschen, Vögel oder Fahrzeuge eignen sich nicht oder nur eingeschränkt für die Aufnahme von Belichtungsreihen. Bei sich langsam bewegenden Bildelementen wie Wolken ist hingegen Schnelligkeit entscheidend. Je schneller Sie fotografieren, desto höher ist die Chance, dass sich bewegte Objekte bei der gesamten Reihe an der gleichen Bildstelle befinden.
Fangen Sie alle Schattendetails ein	Die wichtigsten Aufnahmen einer Belichtungsreihe für HDR sind die hellste und die dunkelste Belichtung. Das dunkelste Bild lässt sich relativ einfach umsetzen, Sie müssen nur sicherstellen, dass keine Spitzlichter sichtbar sind. Das hellste Bild richtig zu belichten, ist etwas schwieriger. Achten Sie darauf, dass am linken Rand des Histogramms möglichst viel Platz ist, um alle Tonwerte in den Schatten einzufangen.

Kapitel 3

Belichtungsreihe zusammenfügen

HDR-Software: Optionen

Wie bereits in der Einführung erwähnt, kann die Geschichte der HDR-Fotografie bis zu Gustave Le Gray zurückverfolgt werden, der bereits 1850 mehrere Einzelbilder miteinander kombinierte. Bis HDR-Software entwickelt und einer breiten Nutzergruppe zugänglich gemacht wurde, dauerte es jedoch bis Anfang dieses Jahrhunderts. Das Programm Photomatix erschien im Jahr 2003, gefolgt von FDRTools im Jahr 2004. Photoshop integrierte erst im Jahr 2005 eine einfache HDR-Funktion in sein Programm.

Mittlerweile liegt Version 3 von Photomatix Pro und Version 2 von FDRTools Advanced vor. Adobe verbesserte die HDR-Generierung mit Photoshop CS4 oder CS5. Außerdem gibt es eine Reihe anderer Programme, wie zum Beispiel pfstools (eine befehlszeilenbasierte Anwendung), easyHDR, Hydra und Dynamic Photo HDR. Allen Programmen gemeinsam ist die Möglichkeit, eine aus mehreren Einzelbildern bestehende Belichtungsreihe zu einer 32-Bit-HDR-Fotografie zusammenzufügen und dieses Bild mit Tonemapping in eine 16-Bit- oder 8-Bit-LDR-Fotografie zu konvertieren, die dann ausgedruckt oder auf einer Reihe von Anzeigegeräten betrachtet werden kann. Jedes Programm löst diese Aufgabe auf andere Weise und bietet unterschiedliche Funktionen für die einzelnen Prozessschritte.

Statt einen kurzen Überblick über die gesamte HDR-Software zu liefern, aber auf kein Programm detailliert eingehen zu können, möchte ich mich auf die drei am weitesten entwickelten Programme konzentrieren: Adobe Photoshop, Photomatix Pro und FDRTools Advanced. Alle drei sind sowohl für den Mac als auch für den PC erhältlich und haben jeweils andere Vorteile. Mit jedem dieser drei Programme können beeindruckende und anders nicht zu erreichende Bilder erzeugt werden. Neben den jeweiligen Vorteilen hat jedes Programm auch Schwächen und ist in bestimmten Punkten einer anderen Software unterlegen. Darauf werde ich in den späteren Kapiteln genauer eingehen. Im folgenden Abschnitt gebe ich zunächst einen Überblick über die gemeinsamen Funktionen und Unterschiede bei der Generierung von HDR-Bildern und dem anschließenden Tonemapping.

In anderen HDR-Büchern werden fast immer mit verschiedenen Programmen erzeugte HDR-Bilder einander gegenübergestellt. Ich halte dieses Vorgehen aus zwei Gründen für nicht besonders hilfreich. Zunächst ist die Erstellung von HDR-Bildern ein aus zwei Schritten bestehender Prozess. Als Erstes wird das HDR-Bild generiert und anschließend mit Tonemapping komprimiert. Da HDR-Bilder auf handelsüblichen Geräten vor dem Tonemapping nicht korrekt angezeigt werden können, kann man diesen Prozess auf einem gedruckten Blatt und den meisten Bildschirmen nicht wirklich beurteilen. Solche Vergleiche sind deshalb überflüssig.

Der zweite und ebenso wichtige Grund ist, dass jedes dieser Programme für bestimmte Einsatzmöglichkeiten besser geeignet ist als für andere. Ist in der für die HDR-Generierung verwendeten Bildsequenz beispielsweise Bewegung zu sehen, erweist sich Photoshop als verhältnismäßig nutzlos. Das Programm verwendet keine Algorithmen, um Unterschiede zwischen den Einzelbildern auszugleichen, weder bei der Generierung des HDR-Bildes noch beim Tonemapping. Photomatix Pro erzielt in diesem Fall bessere Ergebnisse, die hochwertigsten Bilder entstehen oft mit FDRTools. Das insgesamt überzeugendste Ergebnis erreicht man wiederum mit Photomatix Pro, manchmal hat die Software aber Probleme, eine ebenmäßige Ausleuchtung des Bildes zu erreichen. Einzelne Bildelemente sind von Halos umgeben, die sich von einem hellen Hintergrund abheben. Sowohl Photoshop als auch FDRTools liefern in dieser Hinsicht bessere Ergebnisse. Ein direkter Vergleich der Programme, für den nur eine einzige Bildsequenz herangezogen wird, kann irreführend sein und ist daher nicht besonders informativ. Besondere Stärken der einzelnen Programme werden dabei nicht deutlich. Jede Bildsequenz ist anders und kein Programm wird für jede das „beste" Bild generieren.

Wir müssen uns also von vornherein damit abfinden, dass jedes der hier besprochenen Programme seine Stärken und Schwächen hat. Photomatix Pro ist vermutlich das beste Allroundprogramm, FDRTools und Photoshop erzielen aber manchmal bessere Ergebnisse. Die Entscheidung für ein bestimmtes Programm hängt deshalb von verschiedenen Faktoren ab: unter anderem vom gewünschten Stil des HDR-Bildes, von der Originalszene, den sichtbaren Bewegungen in und zwischen den Bildern einer Belichtungsreihe usw. Ich rate Ihnen dazu, sowohl Photomatix Pro als auch FDRTools zu verwenden und auch Photoshop auszuprobieren. Von allen drei Programmen gibt es kostenlose Demoversionen zum Download, so dass Sie die Software vor dem Kauf ausprobieren können.

Die Hauptaufgabe eines HDR-Programms ist simpel: Es macht aus einer Reihe Einzelbelichtungen mit unterschiedlicher Belichtung eine einzige Fotografie.

Adobe Photoshop

Obwohl dieses Bild mit Photoshop erstellt wurde, ist es kein „echtes" HDR-Bild. Stattdessen wurden drei Belichtungen mithilfe von Verläufen und Masken manuell zusammengefügt, um die optimal belichteten Bildelemente der Einzelfotos zu kombinieren. Dies ist nur mit einem Bildbearbeitungsprogramm möglich und führte hier zu einem besseren Ergebnis als der Photoshop-Befehl *Zu HDR zusammenfügen.*

Wenn Sie Photoshop nicht bereits besitzen, rate ich davon ab, das Programm nur für die Erzeugung von HDR-Bildern zu kaufen. Es ist nicht nur sehr teuer, sondern liefert auch das schlechteste Gesamtergebnis der drei hier vorgestellten Programme. Ab Version Photoshop CS2 steht die hilfreiche Funktion *zu HDR zusammenfügen* zur Verfügung. Vermutlich möchten Sie diese aber nicht für jedes Ihrer HDR-Bilder einsetzen, da sowohl Photomatix Pro als auch FDRTools sehr viel mehr Kontrolle bei der Generierung des HDR-Bildes und dem anschließenden Tonemapping bieten.

Photoshop besitzt jedoch einige sehr nützliche Funktionen. Es ist das einzige Programm, das bei der Generierung des HDR-Bildes erlaubt, RAW-Dateien zu bearbeiten, bevor sie zu einem HDR-Bild kombiniert werden. Auf den ersten Blick bietet Photoshop auch eine größere Auswahl an Tonemapping-Operatoren mit vier verschiedenen Methoden: *Lokale Anpassung, Belichtung und Gamma, Histogramm equalisieren* und *Lichterkomprimierung*. Im Vergleich dazu stehen Ihnen bei FDRTools nur drei Möglichkeiten zur Verfügung, Photomatix Pro bietet nur zwei Tonemapping-Optionen. Leider eignen sich für Fotografien nur die Methoden *Lokale Anpassung* und *Belichtung und Gamma*, und nur die Option *Lokale Anpassung* erlaubt eine über ein paar Grundeinstellungen hinausgehende Kontrolle des späteren Tonemapping-Bildes. Wie Sie im nächsten Kapitel sehen werden, ist die größte Stärke des Programms, aus einer Belichtungsreihe mit hohem Lichtwertumfang ein fotorealistisches Bild erzeugen zu können. Die größte Schwäche ist der Mangel an Einstellungsoptionen und die nur eingeschränkte Kontrolle über die Entstehung des HDR-Bildes und das Tonemapping. Das Programm hat Vorteile, führt aber nur unter bestimmten Voraussetzungen zu guten Resultaten.

Erstellen einer 32-Bit-HDR-Datei mit Photoshop

Eine 32-Bit-HDR-Datei mit Photoshop zu erzeugen, ist ein relativ einfacher Prozess, der unter dem Menüpunkt *Datei* gestartet wird (*Datei > Automatisieren > Zu HDR zusammenfügen*) (Bild A). Eine Dialogbox wird geöffnet, in der Sie die gewünschte Belichtungsreihe auswählen können (Bild B). Am besten klicken Sie dazu auf *Durchsuchen*, um zu den entsprechenden Bildern zu navigieren. Sie können die Fotos aber auch öffnen und über die Schaltfläche *Geöffnete Dateien hinzufügen* auswählen. Bei einem Computer mit großem Arbeitsspeicher (mehr als 4 GB) kann diese Methode gewählt werden. Die Generierung einer HDR-Datei ist aber sehr prozessorintensiv, daher empfehle ich die Bildauswahl über *Durchsuchen*. Wenn Sie alle Bilder ausgewählt haben, klicken Sie auf *OK*. Photoshop generiert dann die HDR-Datei.

A

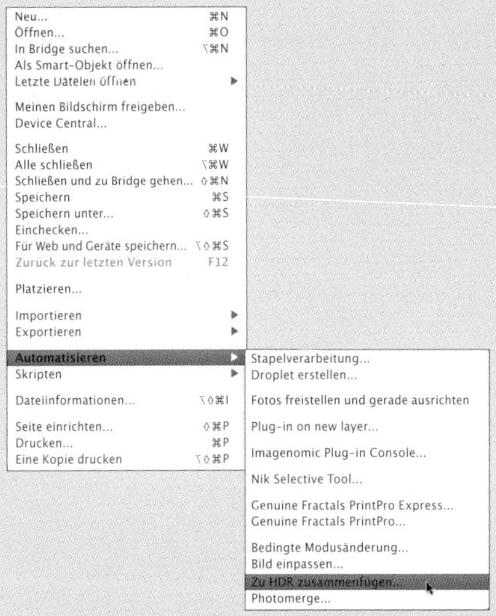

B

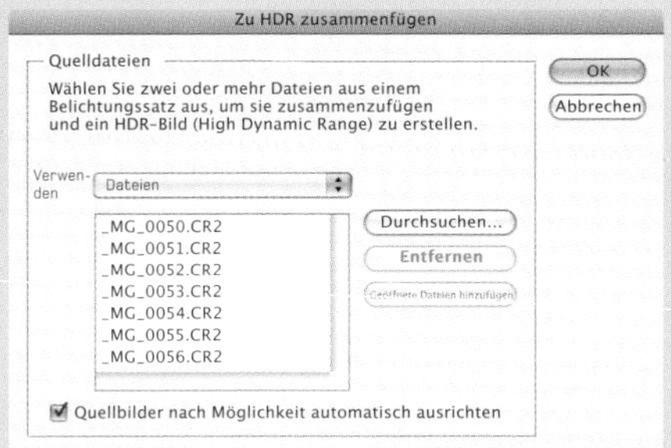

C

Wenn Sie mit einer großen Anzahl Originaldateien arbeiten und keinen leistungsstarken Computer besitzen, können Sie jetzt in Ruhe eine Tasse Tee trinken. Es kann einige Zeit dauern, bis Photoshop ein 32-Bit-HDR-Bild erzeugt hat. Wenn der Vorgang abgeschlossen ist, wird eine weitere Dialogbox (Bild C) geöffnet.

Nun haben Sie drei Optionen. Zunächst können Sie die Auswahl einzelner Bilder wieder aufheben, indem Sie das Kontrollkästchen unter dem Vorschaubild deaktivieren. Zweitens können Sie die Bittiefe des generierten Bildes verändern. Soll das Bild alle Informationen der Originalaufnahmen enthalten, wählen Sie den 32-Bit-Kanal. Schließlich können Sie die Weißpunktvorschau festlegen, indem Sie den Regler unter dem Histogramm verschieben. Dadurch verändert sich die Vorschauansicht des HDR-Bildes. Diese Funktion ist nicht besonders nützlich, da sie nur die Anzeige auf dem Bildschirm, nicht die Datei selbst verändert. Sie vermittelt jedoch eine grobe Vorstellung über die im 32-Bit-Bild enthaltenen Informationen.

Wenn Sie auf *OK* klicken, erzeugt Photoshop ein 32-Bit-HDR-Bild. Der nächste Schritt ist die Konvertierung in ein LDR-Bild, das dann weiterbearbeitet werden kann. Vor der Konvertierung sollten Sie das HDR-Bild abspeichern. Dazu stehen Ihnen verschiedene Dateiformate zur Verfügung: *Photoshop, Großes Dokumentformat, OpenEXR, Portable Bit Map, Radiance* und *TIFF*. Wenn Sie Photoshop für die Konvertierung Ihres Bildes verwenden wollen, sollten Sie das *Photoshop*-Format auswählen, da so die kleinste Datei generiert wird. Möchten Sie ein anderes HDR-Programm für die Komprimierung verwenden, entscheiden Sie sich für das Format *OpenEXR*.

Die Belichtungsreihe

+4 LW | $+2\,^{2}/_{3}$ LW | $+1\,^{1}/_{3}$ LW | Gemessene Belichtung | $-1\,^{1}/_{3}$ LW | $-2\,^{2}/_{3}$ LW

Ausschnitt des zusammengefügten Bildes

Die Nachteile von Photoshop

Das größte Problem bei der Erzeugung von HDR-Bildern mit Photoshop ist, dass Bewegungen zwischen den Einzelbelichtungen nicht ausgeglichen werden können. Die Belichtungsreihe oben wurde beim Blick auf die Einzelfotos nicht deutlich, betrachtet man aber den Ausschnitt des zusammengefügten Bildes, ist sie ganz offensichtlich. Die Wolken erscheinen gestreift und

Die Vorteile von Photoshop

Zwar ist Photoshop eindeutig nicht die beste Wahl, wenn eine Bildsequenz Bewegungen aufweist, hat jedoch gegenüber den anderen Programmen den entscheidenden Vorteil, dass RAW-Daten bearbeitet werden können. Um die besten Resultate zu erzielen und möglichst viele Bildinformationen zu bewahren, sollten Sie wenn möglich RAW-Dateien verwenden und nicht mit TIFF- oder JPEG-Dateien arbeiten. Zwar können Sie auch mit anderen Programmen RAW-Dateien öffnen, diese aber vor der Generierung des HDR-Bildes nicht bearbeiten. Mit dem Photoshop-Plug-in *Camera Raw* können Veränderungen an den Einzelbildern vorgenommen werden, bevor man sie mit dem Befehl *Zu HDR zusammenfügen* kombiniert. Sie können beispielsweise den Weißabgleich, die Klarheit, die Sättigung und die Rauschreduzierung anpassen und jede Veränderung mit *Camera Raw* auf alle Belichtungen der Belichtungsreihe übertragen.

Dazu müssen Sie zunächst die Belichtungsreihe mit *Camera Raw* öffnen. Im Camera-Raw-Dialog wird die Bildsequenz nun auf der linken Seite angezeigt (Bild A).

Möchten Sie sämtliche Bilder anpassen, müssen Sie zunächst eine der Belichtungen auswählen. Meist ist die Beurteilung der durchgeführten Veränderungen am einfachsten am Bild mit den vom Belichtungsmesser ermittelten Belichtungseinstellungen. Klicken Sie dann oben links auf *Alles auswählen*, um die Anpassungen auf alle Bilder der Sequenz anzuwenden (Bild B). Jetzt können Sie auf *Bilder öffnen* klicken und anschließend im Dialog *Zu HDR zusammenfügen* die Option *Geöffnete Dateien hinzufügen* auswählen. Alternativ können Sie im Camera-Raw-Dialog auf *Fertig* klicken, die Anpassungen werden bei der späteren Kombination der Bilder automatisch vorgenommen.

A

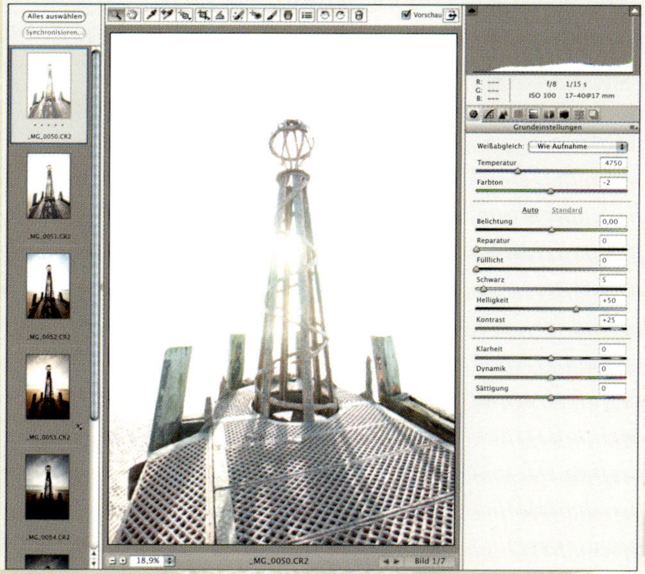

B

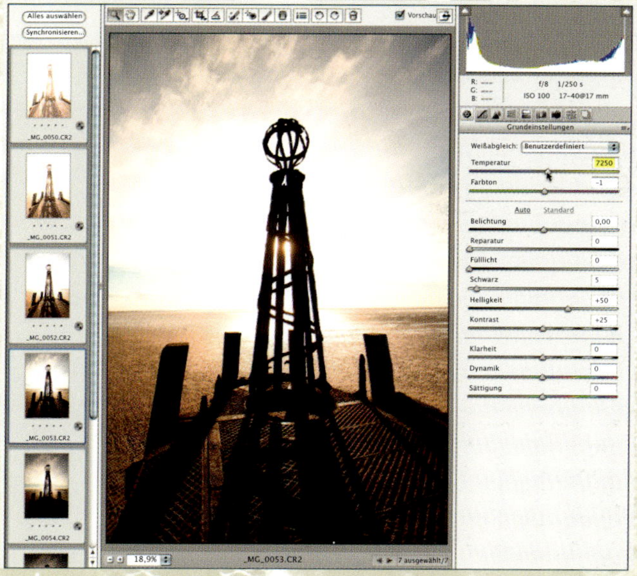

Das HDR-Bild wurde mit *Details Enhancer* von Photomatix Pro zu einem Tonemapping-Bild komprimiert, um ein hyperrealistisches Resultat zu erzielen.

Photomatix Pro

Wenn ich mich für ein einziges Programm zur Generierung und Verarbeitung von HDR-Bildern entscheiden müsste, dann wäre es Photomatix Pro. Nicht zuletzt, weil dieses Programm die meisten Einstellungsmöglichkeiten bietet und am flexibelsten ist. Bei der Erzeugung des HDR-Bildes bietet es nicht ganz so viel Kontrolle wie FDRTools, dafür aber eine Reihe von Möglichkeiten, die Bilder passgenau übereinander anzuordnen und Bewegungsartefakte aus den Tonemapping-Bildern zu entfernen.

Seine wirkliche Stärke liegt in den ausgeklügelten Tonemapping-Algorithmen, obwohl nur zwei Komprimierungsmethoden zur Verfügung stehen: *Tone Compressor* und *Details Enhancer*. *Tone Compressor* ist die einfachere Option und erzielt ähnliche Ergebnisse wie Photoshop. Im Gegensatz zu Photoshop erlaubt es aber die Anpassung von sieben verschiedenen Parametern, um das entstehende Bild zu beeinflussen (FDRTools erlaubt die Anpassung von fünf Parametern).

Wie wir noch sehen werden, ist die Methode *Details Enhancer* sehr viel komplexer und kann dank 15 verschiedener Schieberegler und weiterer Einstellmöglichkeiten sowohl zum Erzeugen fotorealistischer als auch hyperrealistischer Bilder angewendet werden. Diese Methode ermöglicht große Kontrolle über die Darstellung des Tonemapping-Bildes. Durch den hohen Komplexitätsgrad ist die Anpassung der Fotografie mit *Details Enhancer* oft ein langwieriger Prozess, aber die Ergebnisse sind oft deutlich eindrucksvoller als die mit Photoshop oder FDRTools erstellten Bilder.

Erstellen einer 32-Bit-HDR-Datei mit Photomatix Pro

Ähnlich wie bei Photoshop ist die Generierung einer 32-Bit-HDR-Datei mit Photomatix Pro relativ einfach. Wählen Sie im Menü *Ausführen* den Unterpunkt *HDR erzeugen* (Bild A). Eine Dialogbox ähnlich der in Photoshop wird geöffnet (Bild B). Nun müssen Sie zu den Ausgangsbildern navigieren oder diese per Drag-and-Drop in das Dialogfenster ziehen. Anschließend klicken Sie auf *OK*. Sobald die Bilder geladen wurden, wird ein neues Dialogfenster geöffnet (Bild C).

Hier können Sie eine Reihe von Optionen anpassen. Auch wenn die Belichtungsreihe mit einem Stativ aufgenommen wurde, empfiehlt es sich, die Funktion *Ausgangsbilder ausrichten* zu aktivieren, da auch kleinste Erschütterungen zu Ausrichtungsproblemen führen können. Sie können hier entweder die verschiebungsbasierte oder die merkmalsbasierte Methode anwenden. Normalerweise wähle ich die erste Möglichkeit und wechsele nur dann zur zweiten Methode, wenn Photomatix Pro kein gutes Ergebnis erzielt. Wenn sich die Bildausschnitte der Einzelbilder voneinander unterscheiden und Photomatix Pro sie deshalb dreht oder verschiebt, wählt das Programm automatisch einen neuen Bildausschnitt, um aus dem Bild ragende Ecken und fehlende Bildstellen zu korrigieren. Möchten Sie dies aus einem bestimmten Grund verhindern, aktivieren Sie das Kästchen *nicht beschneiden*

A

B

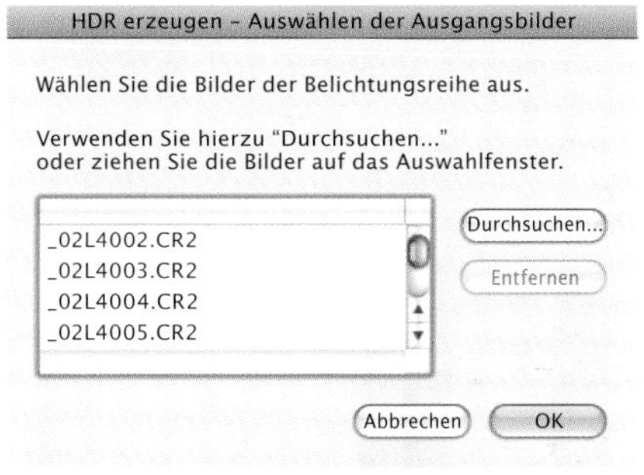

C

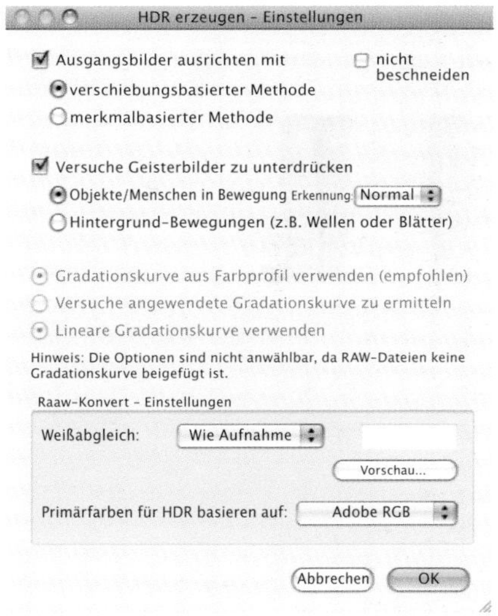

A

B

C

Sie können mit Photomatix Pro außerdem versuchen, Geisterbilder durch sich bewegende Menschen oder Gegenstände zu unterdrücken. Diese Funktion ist verhältnismäßig prozessorintensiv und muss nur dann aktiviert werden, wenn Sie Bewegungen innerhalb der Belichtungsreihe vermuten. Ich möchte noch hinzufügen, dass beide Optionen gute Arbeit leisten, aber keine Wunder vollbringen können. Man sollte immer versuchen, die Belichtungsreihe aufzunehmen, wenn möglichst wenig Bewegung vorhanden ist. Bild A zeigt ein mit Photomatix Pro generiertes Bild der gleichen Belichtungsreihe wie bei der Demonstration der HDR-Generierung in Photoshop. Bei aktivierter Geisterbilderunterdrückung mit dem Algorithmus *Hintergrundbewegungen* verschwinden einige Bewegungsartefakte, die Wolken sehen aber immer noch unnatürlich aus.

Die nächsten Einstellungsmöglichkeiten erscheinen grau hinterlegt, da sie nur auswählbar sind, wenn die Originalbilder JPEG- oder TIFF-Dateien sind. Ich empfehle generell die Verwendung von RAW-Dateien. Wenn Ihre Kamera keine RAW-Dateien aufnehmen kann, erweisen sich diese Optionen aber möglicherweise als nützlich. Schließlich können Sie noch den Weißabgleich des generierten HDR-Bildes anpassen, indem sie aus einer Reihe Voreinstellungen auswählen oder einen eigenen Wert eingeben. Auch die Primärfarben können geändert werden, um den gewünschten Farbraum zu definieren. Wenn Sie Ihre Auswahl abgeschlossen haben, klicken Sie auf *OK*, um die 32-Bit-HDR-Datei zu generieren. Speichern Sie diese entweder im Format *Radiance RGBE* oder *OpenEXR*.

Wenn sich die HDR-Datei öffnet, sehen Sie statt der relativ ungenauen Weißpunktvorschau von Photoshop einen HDR-Viewer in Form eines kleinen Vorschaufensters. Hier werden die Details des Bildbereichs angezeigt, über den die Maus bewegt wird. Die abgebildeten Beispiele illustrieren, wie dies praktisch funktioniert. Deutlich sieht man die Details in den hellen und dunklen Bildstellen, wenn sich der Cursor über den entsprechenden Bereichen befindet (Bild B und C). Diese Ansicht ist sehr hilfreich, um Bilddetails auf Bewegungsartefakte zu überprüfen. So muss nicht der gesamte Konvertierungsprozess durchlaufen werden, nur um festzustellen, dass es Probleme mit sichtbaren Bewegungen gibt. Stattdessen können Sie die Vorschau prüfen und die Generierung nochmals mit anderen Einstellungen starten.

Diese Szene mit geringem Kontrast wurde durch die Tonemapping-Tools von Photomatix Pro verbessert.

Photomatix Pro: Stärken und Schwächen

Photomatix Pro bietet gegenüber Photoshop zwei klare Vorteile. Das Programm reduziert durch Bewegungen verursachte Artefakte und konvertiert einzelne Bilder sehr viel schneller zu einem HDR-Bild. Wenn Sie einen leistungsstarken Computer besitzen, fällt das nicht so sehr ins Gewicht, aber bei leistungsschwächeren Systemen kann dieser Unterschied bedeutend sein.

Der Nachteil von Photomatix Pro ist die geringe Kontrolle über die ursprünglichen RAW-Dateien. Abgesehen vom Weißabgleich können RAW-Dateien nur vor der HDR-Generierung bearbeitet werden.

FDRTools

Das von Andreas Schömann und AGS Technik entwickelte Programm FDRTools bietet sehr viel mehr Kontrolle als Photoshop bei der Generierung des HDR-Bildes und dem späteren Tonemapping. Es bietet auch die größte Auswahl von Einstellungsmöglichkeiten bei der Erzeugung des Tonemapping-Bildes. Auf dieses Thema werde ich noch ausführlicher eingehen, zum jetzigen Zeitpunkt sei nur erwähnt, dass FDRTools eine Kontrolle über die Einzelbelichtungen einer Belichtungsreihe bietet, die fast bis auf Pixelebene reicht. Deshalb ist das Programm oft die beste Wahl, wenn sich die Bildausschnitte der Einzelbilder leicht voneinander unterscheiden. Beim Tonemapping kann FDRTools jedoch nicht so fein eingestellt werden wie Photomatix Pro. Die Methode *Compressor* ist die nützlichste der drei verschiedenen Tonemapping-Operatoren (*Simplex*, *Receptor*, *Compressor*). Wie Sie im nächsten Kapitel sehen werden, eignet sie sich besonders gut für fotorealistische Ergebnisse.

Erstellen einer 32-Bit-HDR-Datei mit FDRTools Advanced

Auf den ersten Blick wirkt das Programm FDRTools Advanced ziemlich kompliziert, nicht zuletzt, da die Versionen für Mac und PC unterschiedliche Benutzeroberflächen haben. Doch es ist ein ausgesprochen effektives Programm. Eine seiner größten Stärken ist, dass man zwischen der Generierung des HDR-Bildes und dem Tonemapping der Datei hin und her wechseln kann. Bei Photoshop und Photomatix Pro sind Erstellung des HDR-Bildes und das Tonemapping aufeinander folgende Prozessschritte. FDRTools führt diese beiden Prozesse simultan aus, indem abwechselnd die Vorschaufenster HDR Image Inspector (Vorschau des HDR-Bildes) und Tone Mapped Image (Vorschau des LDR-Bildes) aufgerufen werden. Während Sie mit Ihrem Bild oder Ihren Bildern arbeiten, können Sie zwischen diesen Fenstern hin und her wechseln. Sie können Änderungen an den Tonemapping-Einstellungen vornehmen, dann zurück zu den HDR-Einstellungen springen und anschließend weitere Anpassungen des Tonemapping-Prozesses vornehmen (Bild A).

A

B

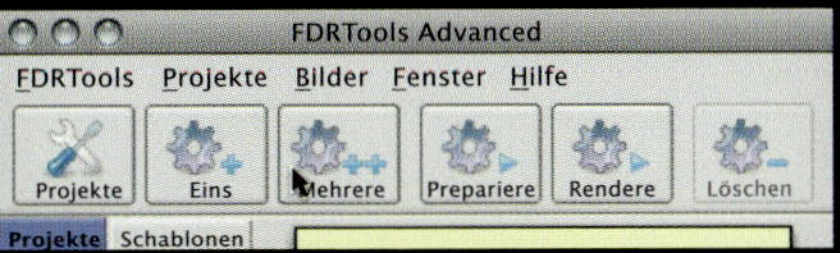

C

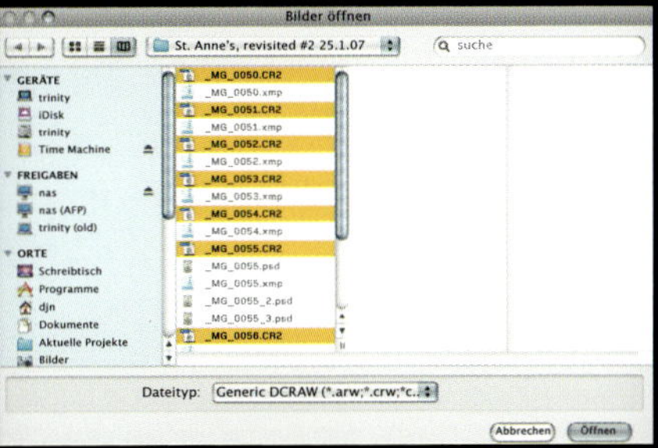

D

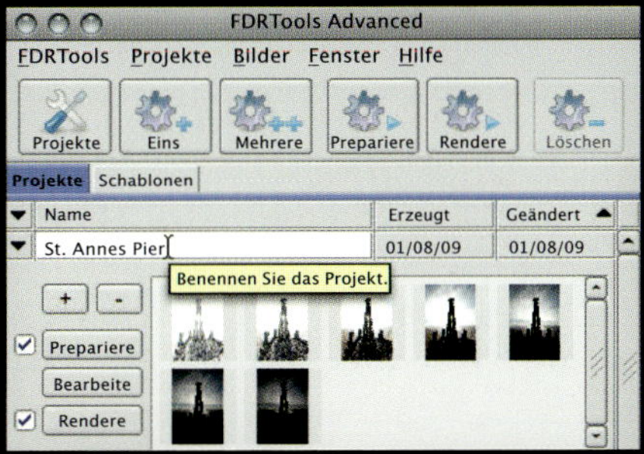

E

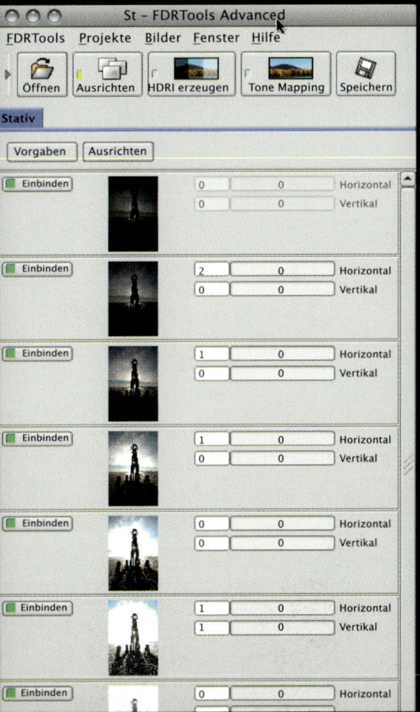

F

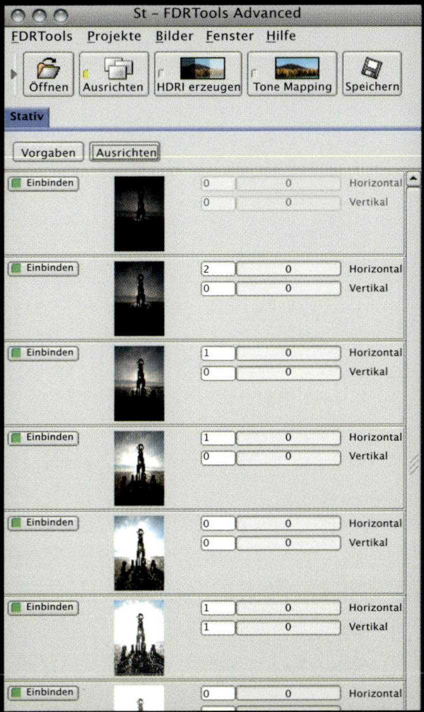

Wie bei allen HDR-Programmen ist der erste Schritt die Generierung des HDR-Bildes. Dazu können Sie die Bilddateien entweder auf das Programmymbol ziehen oder FDRTools öffnen und auf die Schaltfläche *Mehrere* oben im Hauptmenü klicken (Bild B). Ein Systemdialog wird geöffnet, in dem Sie zu Ihren Bildern navigieren können (Bild C). Die ausgewählten Fotos werden als *Projekt* geladen, das Sie benennen und für die spätere Bearbeitung speichern können (Bild D).

Danach klicken Sie auf die Schaltfläche *Bearbeite*. Nach einer kurzen Wartezeit wird das Hauptfenster des ausgewählten Projekts geöffnet (Bild E). Hier stehen Ihnen fünf Schaltflächen zur Verfügung: *Öffnen*, *Ausrichten* (beim Öffnen des Dialogs die aktive Auswahl), *HDRI erzeugen*, *Tone Mapping* (auf das wir in Kapitel 4 näher eingehen werden) und *Speichern*.

Der erste Schritt (*Ausrichten*) richtet die Bilder passgenau aus. Sie können den Prozess starten, indem Sie auf *Ausrichten* direkt über der Belichtungsreihe klicken. Bis auf das erste Bild der Sequenz werden alle Aufnahmen in horizontaler und vertikaler Richtung gedreht. Wie die nebenstehende Abbildung zeigt, kam es selbst bei diesen mit Stativ und Fernauslöser aufgenommenen Bildern zu leichten Bewegungen zwischen den Einzelaufnahmen. Dies wird durch die Ziffern neben den Bildern angezeigt (Bild F).

Sobald die Bildsequenz richtig ausgerichtet ist, klicken Sie auf *HDRI erzeugen*. Der sich öffnende Dialog wirkt zunächst verwirrend, da es sehr viele Einstellungsmöglichkeiten gibt (Bild A). Zunächst konzentrieren wir uns aber auf zwei Hauptmethoden zur Erzeugung des HDR-Bildes: *Average* und *Separation*.

Average eignet sich am besten für Belichtungsreihen ohne Bewegungen zwischen den Aufnahmen (Bild B), wie Sie dem abgebildeten Dialog entnehmen können. Bei der Verwendung dieses Algorithmus zur Generierung eines Bildes aus der bereits bekannten *Belichtungsreihe* kommt es zu exakt dem gleichen Problem wie bei Photoshop und Photomatix Pro. Im Himmel sind deutlich Bewegungsartefakte zu sehen (Bild C).

Verwenden wir die Methode Separation, verschwinden diese Artefakte fast vollständig (Bild E). Diese Methode (Bild D) generiert jedes Pixel des entstehenden Bildes ausgehend von einem einzigen Bild, anstatt die Werte der gesamten Belichtungsreihe auf einen Durchschnittswert zu mitteln. Es entstehen sehr viel weniger Bewegungsartefakte, sei es durch vorbeiziehende Wolken, sich bewegende Menschen, Fahrzeuge oder andere Gegenstände, die ihre Position während der Belichtungsreihe verändern.

Außer *Average* und *Separation* bietet *FDRTools* noch zwei weitere Methoden der Bildkombination: *Creative* und *xDOF*. *Creative* wurde entwickelt, um die Verbindung von Bildern mit unterschiedlichen Motiven zu ermöglichen. So können Sie Belichtungsreihen zusammenfügen,

A

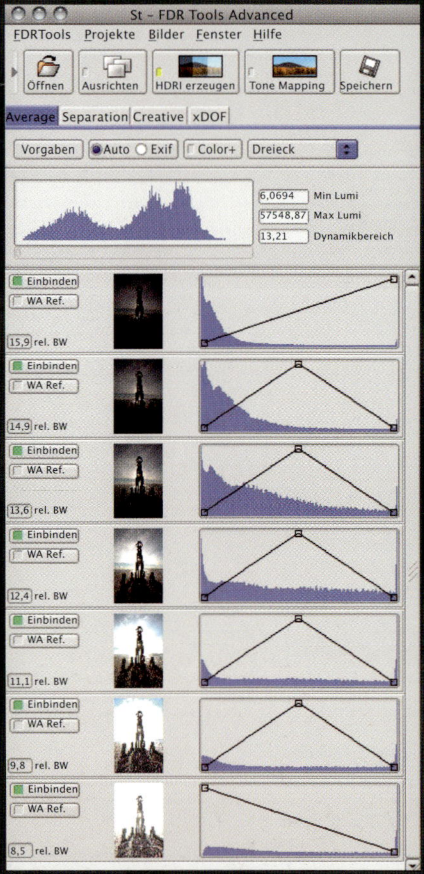

B

C

deren Einzelbilder mit unterschiedlicher Blende oder bei anderem Licht aufgenommen wurden oder sogar einen ganz anderen Bildausschnitt zeigen. Diese Methode bietet zwar weniger praktischen Nutzen als Average und Separation, eröffnet jedoch, wie der Name schon sagt, eine Vielzahl kreativer Möglichkeiten.

Die Funktion *xDOF* ist keine HDR-Technik, ermöglicht aber ebenfalls das Zusammenfügen einer Bildsequenz. Aufnahmen mit unterschiedlichen Schärfeeinstellungen werden zu einem einzigen Bild kombiniert. Statt den Kontrastumfang zu erhöhen, vergrößert sich der Bereich der Schärfentiefe – sehr nützlich für die Makrofotografie oder für die Erzeugung von Bildern mit einer scheinbar bis ins Unendliche reichenden Schärfentiefe.

Wie Photoshop ermöglicht auch FDRTools, zunächst aufgerufene Bilder von der HDR-Generierung auszuschließen. Dies geschieht durch einen Klick auf *Einbinden* links neben dem entsprechenden Bild (Bild F). Dies kann sich als nützlich erweisen, wenn beispielsweise in einer Bildsequenz aus sieben Einzelbelichtungen in einem der Bilder deutliche Bewegungen sichtbar sind, die von FDRTools nicht korrigiert werden können. Durch Ausschluss des betroffenen Bildes kann das Problem unter Umständen gelöst werden. Entfernen Sie jedoch nie das hellste oder das dunkelste Bild, da dies die Qualität der entstehenden HDR-Fotografie negativ beeinflussen würde. Entweder die Tiefen oder die Lichter würden beschnitten und es könnte zu verstärktem Bildrauschen kommen.

D

F

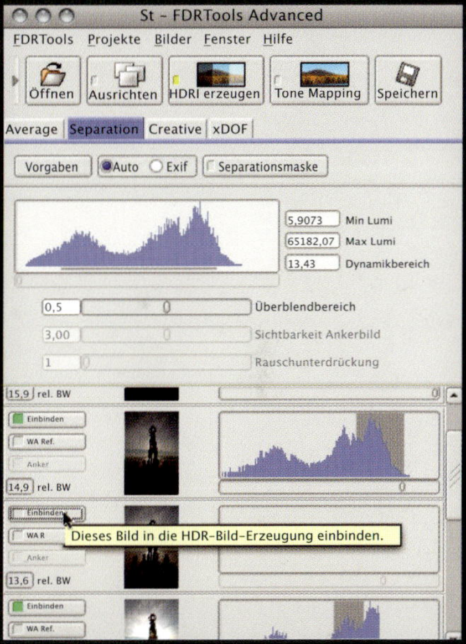

E

Stärken und Schwächen

Die größte Stärke von FDRTools liegt in der Reduzierung von Bewegungsartefakten. Dies ist nicht immer erfolgreich, insbesondere wenn Bewegungen besonders ausgeprägt sind, dennoch ist das Ergebnis bedeutend besser als bei Photoshop oder Photomatix Pro. Wie Photomatix Pro erstellt das Programm ein HDR-Bild in einem Bruchteil der Zeit, die Photoshop dafür benötigt.

Die Schwächen des Programms liegen in der relativ geringen Kontrolle über die ursprünglichen RAW-Dateien, hier ist das Programm sogar Photomatix Pro unterlegen. Zwar kann ein Weißabgleich durchgeführt werden, aber nur durch die Auswahl eines Originalbildes als Referenzaufnahme. Manuelle Anpassungen oder die Eingabe eines bestimmten Weißabgleichwerts sind nicht möglich.

Welches Programm sollten Sie verwenden?

Wir haben gerade erst damit begonnen, die drei vorgestellten Programme kennenzulernen. Ich habe drei verschiedene Methoden der HDR-Generierung vorgestellt, die HDR-Datei muss aber noch von einem 32-Bit-Bild in ein 16-Bit- oder 8-Bit-LDR-Bild konvertiert werden, das auf einem Bildschirm betrachtet oder ausgedruckt werden kann. Jedes der Programme hat seine Vorteile und kann mit Erfolg eingesetzt werden. Wie ich zu Beginn schon sagte, sollten Sie Ihre Entscheidung danach treffen, welches Programm die besten Ergebnisse für eine bestimmte Bildsequenz liefert.
Es gibt keine Universallösung.

Mit FDRTools erzeugt

Kapitel 4
Fotorealistische Bilder

Fotorealismus und HDR-Fotografie

Einzelbelichtung

Tonemapping-Bild des gleichen Motivs

Bis jetzt haben wir uns mit den technischen Aspekten der HDR-Fotografie befasst, selbstverständlich gibt es aber auch eine Reihe von ästhetischen Überlegungen. Die wahrscheinlich wichtigste ist der Stil der HDR-Bilder. HDR-Techniken wurden hauptsächlich zur Lösung eines ganz bestimmten Problems entwickelt – der Kontrastumfang der Originalszene übersteigt den Kontrastumfang des Kamerasensors. Aus diesem Grund kann ein mit HDR-Technik bearbeitetes Bild natürlicher wirken als eine klassische Fotografie. Beispielsweise wirkt die Tonemapping-Version des zurückgelassenen Stiefels realistischer als die Einzelbelichtung. In den dunklen Bereichen des Bildes sind sehr viel mehr Tonwerte vorhanden, diese Details gehen in der Einzelbelichtung fast vollständig verloren. Auch der Tonwertumfang des Wassers und des Sandes scheint natürlicher und der Realität ähnlicher. Ein solches HDR-Ergebnis wird oft als „fotorealistisches" HDR-Bild bezeichnet.

In jüngster Zeit wird der Begriff HDR jedoch fast ausschließlich in Zusammenhang mit einem ganz bestimmten Stil des Tonemapping verwendet, das fast cartoonähnliche und grafisch wirkende Resultate erzielt. Die Bilder wirken wie Gemälde oder am Computer generierte Grafiken, nicht wie Szenen aus der wirklichen Welt. Im Folgenden werde ich diesen HDR-Stil als „hyperrealistisch" bezeichnen, da diese Darstellungsweise die Realität ganz anders darstellt.

Einerseits können HDR-Techniken also eingesetzt werden, um eine Szene fotorealistisch wiederzugeben, andererseits kann die gleiche Originalszene auch surreal interpretiert werden.

Die gleichen Werkzeuge und Techniken können für ganz unterschiedliche Stile verwendet werden. Ausgangspunkt ist stets eine Belichtungsreihe, mit der ein HDR-Bild generiert wird, das anschließend mit Tonemapping in ein sogenanntes LDR-Bild mit geringem Kontrastumfang umgewandelt wird, die auf einem Bildschirm angezeigt oder mit einem Drucker ausgegeben werden kann. Der Unterschied zwischen beiden Stilen entsteht also nicht durch die technischen Verfahren, sondern durch die beim Tonemapping angewandten Parameter. Manche Anpassungen führen zu eher fotorealistischen Bildern, extremere Einstellungen erzeugen einen hyperrealistischen Bildeindruck. Dazwischen gibt es zahlreiche Abstufungen.

In diesem Kapitel werde ich die Erzeugung fotorealistischer Bilder behandeln, im nächsten Kapitel liegt der Schwerpunkt auf der Erstellung hyperrealistischer HDR-Fotos. Dabei sollte man sich bewusst sein, dass beide Stile Extreme der gleichen Skala darstellen und sich gegenseitig nicht ausschließen. Man kann sich auf einen der beiden Stile festlegen oder eine Fotografie erstellen, die irgendwo dazwischen angesiedelt ist. Am Ende der beiden Kapitel werden Sie über die Kenntnis verfügen, den Tonemapping-Prozess so zu kontrollieren, dass Sie Ihre eigenen kreativen und ästhetischen Vorstellungen umsetzen können.

Wie eine Grafik wirkendes oder hyperrealistisches Tonemapping-Bild

HDR-Optionen von Photoshop

HDR-Vorschau

Vorschau der dunklen Tonwerte

Vorschau der hellen Tonwerte

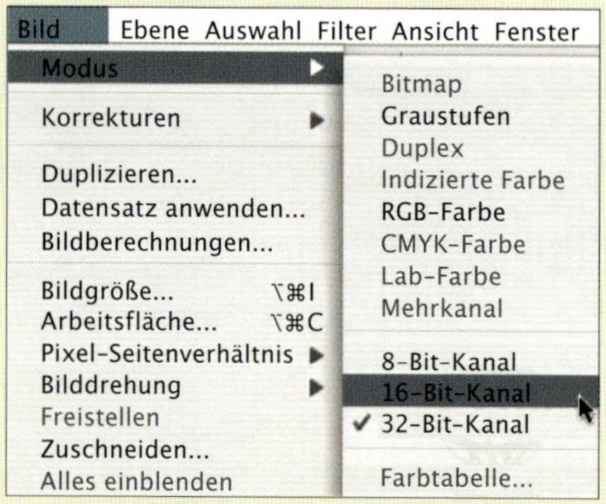

Wenn Sie ein HDR-Bild mit Photoshop erzeugen oder öffnen, enthält das Vorschaubild beschnittene Tiefen und Lichter. Dazu kommt es, da Computermonitore LDR-Geräte sind und nur einen geringen Kontrastumfang darstellen können. In diesem Beispiel sind die Schatten in der rechten oberen Ecke des Bildes tiefschwarz, der Himmel zwischen den Gebäuden und am unteren Rand des Bildes wirkt stark überbelichtet.

Den Tonwertumfang das HDR-Bildes können Sie durch Anpassen des Reglers links unten im Vorschaufenster überprüfen. Verschiebt man ihn nach links, wird das Bild dunkler und die hellen Bereiche der späteren HDR-Fotografie können überprüft werden. Durch Verschieben nach rechts werden die dunklen Bildbereiche kontrolliert. Die beiden Beispiele zeigen, dass die HDR-Aufnahme den gesamten Tonwertumfang enthält und weder die dunklen noch die hellen Bildstellen beschnitten werden.

Wenn Sie das 32-Bit-HDR-Bild überprüft haben, ist der nächste Schritt die Konvertierung in ein 16-Bit- oder 8-Bit-LDR-Bild. Möchten Sie das Bild nach der Umwandlung weiter bearbeiten, wählen Sie 16 Bit aus, da das entstehende LDR-Foto erheblich mehr Bildinformationen enthält. Verändern Sie zunächst die Bittiefe der Fotografie über den Menüpunkt *Bild > Modus* und klicken entweder auf 16 Bit oder 8 Bit.

Nach Auswahl der Bittiefe wird ein Dialogfenster geöffnet, in dem Sie sich für eine der vier Umwandlungsmethoden entscheiden können: *Belichtung und Gamma, Lichterkomprimierung, Histogramm equalisieren* und *Lokale Anpassung*. Auf den folgenden Seiten werde ich näher auf *Belichtung und Gamma* und *Lokale Anpassung* eingehen, zunächst werfen wir aber einen kurzen Blick auf die beiden anderen Methoden.

Lichterkomprimierung

Lichterkomprimierung ist einer der einfachsten Algorithmen, den man auf eine HDR-Datei anwenden kann. Dabei werden die Details in den Lichtern des 32-Bit-Bildes so komprimiert, dass sie in den Luminanzwertebereich einer 16-Bit- oder 8-Bit-Fotografie passen. Dieser Prozess läuft automatisch ab, das Ergebnis ist ein meist sehr dunkles Bild. Wie Sie am Beispielfoto rechts sehen können, sind die Details in den Lichtern gut zu erkennen, die Schattenbereiche werden aber sehr dunkel dargestellt.

Konvertiert mit *Lichterkomprimierung*

Histogramm equalisieren

Die Konvertierungsmethode *Histogramm equalisieren* ist ebenfalls ein automatischer Prozess, der den gesamten Kontrastumfang des HDR-Bildes komprimiert. Dabei wird der Bildkontrast nach Möglichkeit erhalten. Auf den ersten Blick wirkt das Resultat etwas besser als das mit *Lichterkomprimierung* konvertierte Bild, es sind auch mehr Details in den Schattenbereichen zu sehen. Wie Sie in diesem Beispiel aber auch erkennen können, sind sowohl die Tiefen als auch die Lichter beschnitten. Der Zweck einer Belichtungsreihe, nämlich den gesamten Kontrastumfang einer Szene einzufangen, wird damit wieder zunichtegemacht.

Konvertiert mit *Histogramm equalisieren*

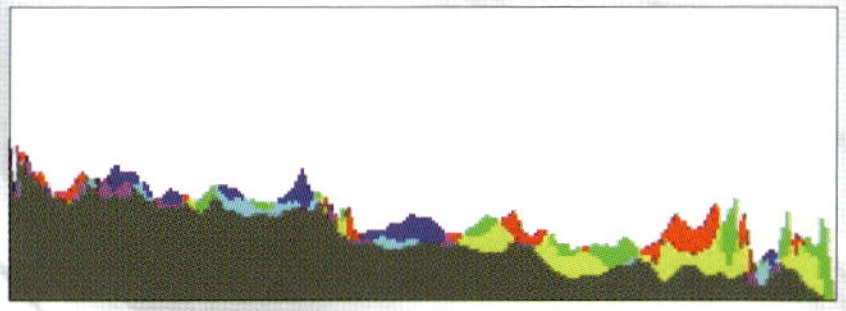

Beschnittene Tiefen und Lichter

Lokale Anpassung

Die Tonemapping-Methode *Lokale Anpassung* passt bei der Erzeugung des LDR-Bildes den Kontrast in verschiedenen Bildbereichen unabhängig voneinander an. Das bedeutet praktisch, dass jeder Bildbereich anschließend einen relativ hohen Tonwertumfang besitzt und sowohl der Himmel als auch die Schattenbereiche eines Bildes gleichmäßig verteilte Tonwerte enthalten. Anhand eines aus sechs Einzelbelichtungen zusammengefügten HDR-Bildes werde ich diese Methode illustrieren.

Sobald Sie eine HDR-Datei erzeugt oder geöffnet und den Konvertierungsprozess *Lokale Anpassung* gestartet haben, stehen Ihnen drei Einstellungsmöglichkeiten zur Verfügung: *Radius*, *Schwellenwert* und die *Toning-Kurve*.

+4 LW

+2 2/3 LW

+1 1/3 LW

Gemessene Belichtung

-1 1/3 LW

-2 2/3 LW

Radius: 16 Schwellenwert: 3

Radius: 16 Schwellenwert: 0,50

In diesem Beispiel führte die Standardeinstellung (Radius 16 und Schwellenwert 0,50) zum besten Ergebnis ohne Haloeffekte um das obere Element der Struktur.

Radius und Schwellenwert

Mit dem Regler *Radius* kontrolliert man die Ausdehnung der lokalen Helligkeitsbereiche. Mit dem Regler *Schwellenwert* wird bestimmt, wie groß die Differenz der Tonwerte zweier Pixel sein muss, um nicht mehr dem gleichen Helligkeitsbereich zugeordnet zu werden. Im Verbund wird damit kontrolliert, auf welche Weise Photoshop ermittelt, welche Bildbereiche angepasst werden müssen und welche Bereiche einen gleichmäßigen Tonwertumfang aufweisen sollen.

Am einfachsten finden Sie die besten Einstellungen heraus, wenn Sie die Regler verschieben und gleichzeitig das Vorschaufenster beobachten. Stellen Sie keine zu hohen Werte ein, da sonst Halos um einzelne Bildelemente auftreten können. Obwohl man diesen Effekt mit Photoshop wieder korrigieren kann, sollte man ihn am besten vermeiden.

Bei den meisten HDR-Bildern führt die Standardeinstellung der beiden Regler zu den besten Resultaten, insbesondere wenn die Originalszene harte Konturen aufweist. Wie bei jeder anderen in diesem Buch beschriebenen Technik lohnt es sich, ein wenig Zeit zu investieren und mit verschiedenen Werten und Einstellungen zu experimentieren.

Einstellungen mit *Lokale Anpassung*: Auf der Toning-Kurve wurden drei Kontrollpunkte gesetzt, um die Schatten zu verstärken, die Mitteltöne abzudunkeln und die hellen Bildbereiche aufzuhellen.

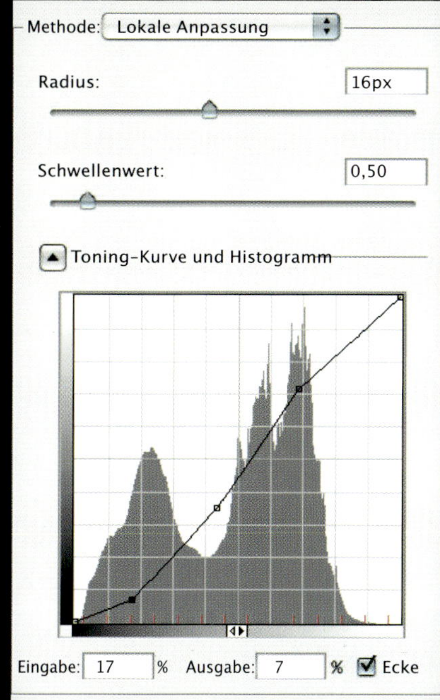

Hier wurden die Kontrollpunkte der Toning-Kurve anders gesetzt, um mehr Bilddetails in den Schatten sichtbar zu machen.

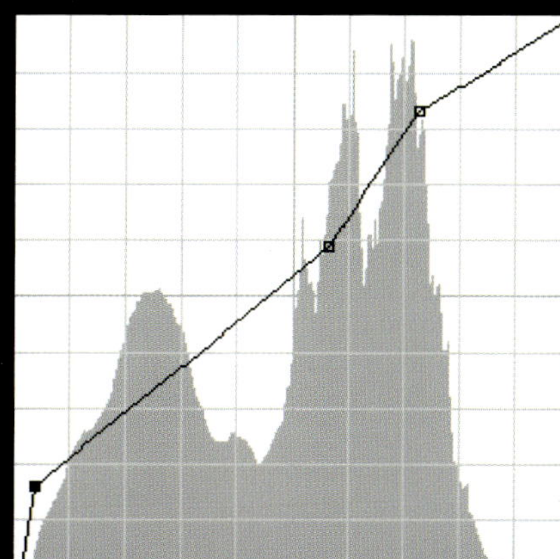

Toning-Kurve

Wird die Toning-Kurve nicht angezeigt, klicken Sie auf den Pfeil links neben *Toning-Kurve und Histogramm*. Anschließend können Sie die Kurve anpassen. Ihre Funktionsweise ähnelt der Gradationskurve, es gibt jedoch einen entscheidenden Unterschied. Unten rechts im Dialogfenster kann die Option *Ecke* aktiviert werden. Dadurch werden die Kontrollpunkte auf der Kurve als Ecke definiert und Sie könnenEinstellungen für den Bereich zwischen zwei Punkten vornehmen, ohne dass stets die gesamte Kurve equalisiert wird

Ich setzte alle drei Kontrollpunkte der Kurve auf diese Weise, die Veränderungen sind jedoch verhältnismäßig gering. Der erste Kontrollpunkt (unten links) verstärkt die Schattenpartien, während der zweite Kontrollpunkt in der Mitte die Helligkeit der Mitteltöne reduziert. Der dritte Kontrollpunkt (oben rechts) führt zu einer geringen Erhöhung der Helligkeit in den Lichtern. Zur Erzeugung der Kontrollpunkte klickt man auf die Kurve. Das Ziel war ein möglichst natürlicher Bildeindruck.

Wenn Sie mit Gradationskurven nicht vertraut sind, erscheint das womöglich etwas kompliziert. Aber es gibt keine festen Regeln, wie man die Kurve verwendet oder wie viele Kontrollpunkte benötigt werden. Letztlich geht es um die Ästhetik des Bildes und nicht um technische Überlegungen. Möchten Sie ein helleres Bild erzeugen, das mehr Details in den Schattenpartien aufweist, können Sie die Kurve beispielsweise wie hier gezeigt anpassen.

Belichtung und Gamma

Die Methode *Belichtung und Gamma* scheint zunächst nicht besonders effektiv bei der Umwandlung eines 32-Bit-HDR-Bildes in ein LDR-Bild zu sein, da sie zu ziemlich unansehnlichen Resultaten führt. Oft enthalten die entstehenden Fotografien Farbstiche und der Tonwertumfang ist sehr viel begrenzter als bei Bildern, die mit *Lokale Anpassung* erzeugt wurden. Mit etwas Zeitaufwand können Sie mit dieser Methode aber beeindruckendere LDR-Bilder erhalten als mit anderen Methoden. Der Unterschied ist oft schwer zu beschreiben, aber Bilder, die mit *Belichtung und Gamma* entstanden, lassen die mit *Lokale Anpassung* erzeugten Fotografien teils sehr nüchtern und kühl wirken.

Ausgangspunkt ist eine Bildsequenz aus acht Einzelaufnahmen, die der Belichtungsreihe ähnelt, anhand der ich die Methode *Lokale Anpassung* demonstriert habe. Wie Sie sehen, enthält die HDR-Vorschau des zusammengefügten Bildes stark über- und unterbelichtete Bildbereiche. Die Konvertierung dieser 32-Bit-Datei in ein LDR-Bild besteht bei *Belichtung und Gamma* aus zwei Teilschritten, für die man nur zwei Regler benötigt: *Belichtung* und *Gamma*.

Passen Sie zunächst die Belichtung an, indem Sie den Regler so lange nach links verschieben, bis der hellste Bereich des Bildes ausreichend dunkel erscheint. Hier war dies bei der Einstellung -4,82 der Fall, das Bild war nun dunkel genug, um die Überbelichtung im Bereich der Sonne zu reduzieren.

Anfängliche HDR-Vorschau

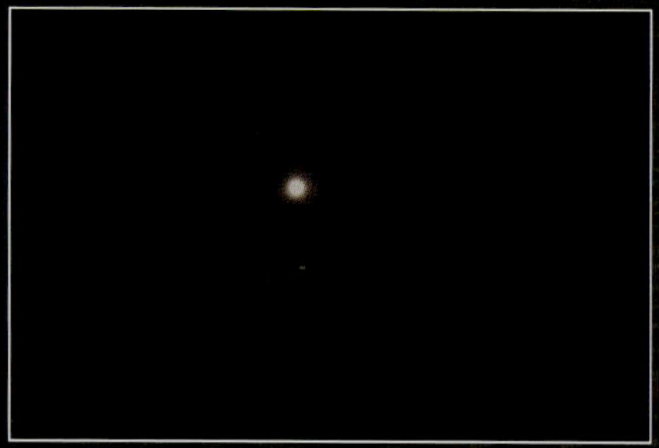

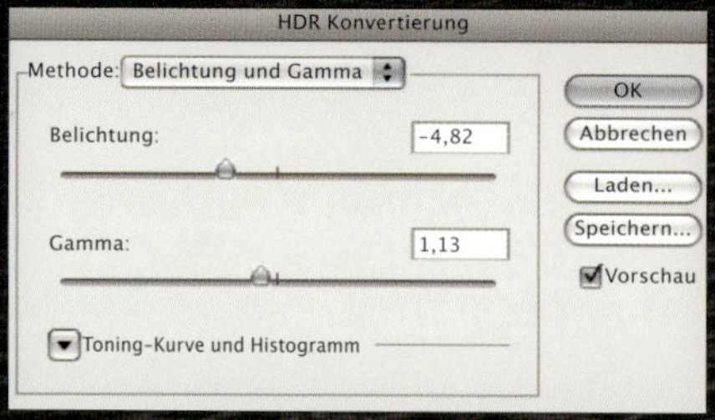

Belichtungsanpassung

Einstellungen
Belichtung und Gamma

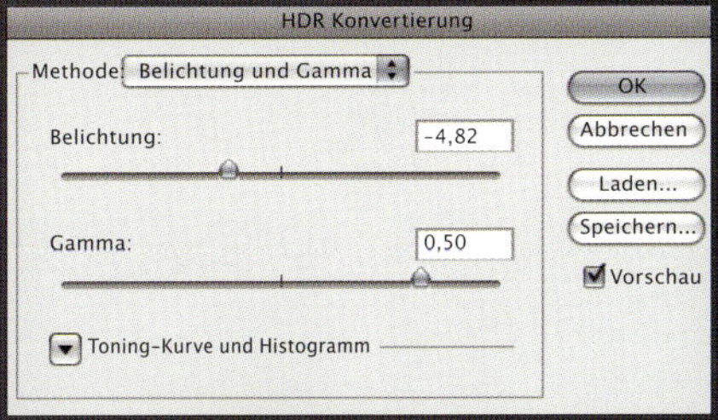

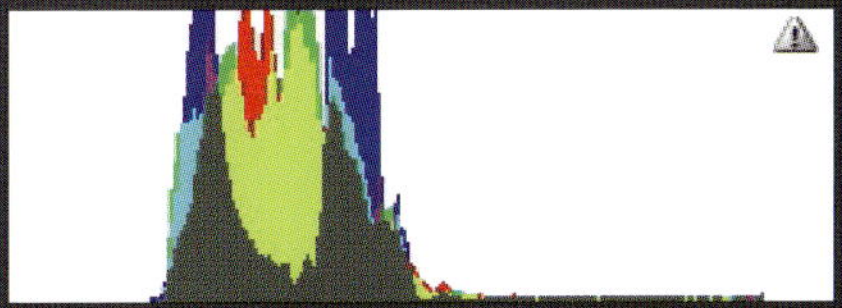

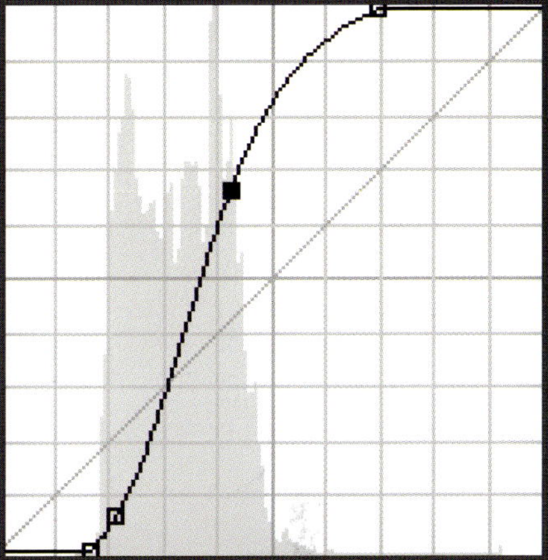

Da das Bild nach der Belichtungskorrektur eindeutig zu dunkel ist, ziehen Sie den Gammaregler nach rechts, um die gesamten Tonwerte des Bildes mit Ausnahme der hellsten Glanzlichter aufzuhellen. Im Beispiel stellte ich den Gammaregler auf den Wert 0,29.

Zunächst wirkt das mit *Belichtung und Gamma* entstandene Bild nicht besonders ansprechend, es ist flau und ihm fehlt Kontrast. Die meisten Tonwerte des Bildes befinden sich auf der linken Seite des Histogramms.

Der Vorteil dieser Technik wird erst deutlich, wenn man den Kontrast während der Nachbearbeitung des LDR-Bildes anpasst. Hier wendete ich eine sehr steile S-Kurve an, nachdem ich das Bild mit *Belichtung und Gamma* konvertiert hatte. So erhielt die Fotografie den nötigen Kontrast.

Mithilfe der Gradationskurve optimiertes Bild

Das mithilfe der Gradationskurve verbesserte Bild wirkt sehr viel natürlicher, insbesondere die Darstellung der Wolken. Die Lichtqualität wirkt angenehmer und die Streulichteffekte – obgleich sehr viel ausgeprägter als vorher – sehen nicht mehr wie Bearbeitungsartefakte aus. Das verstärkt den Eindruck, dass es sich um eine „richtige" Fotografie und nicht um ein mit HDR-Technik erzeugtes Bild handelt.

Die Methode hat jedoch auch Nachteile. Zunächst muss ein „flau" und langweilig wirkendes LDR-Bild erzeugt werden. Es ist nicht ganz leicht, zu beurteilen, welche Einstellungen die besten Voraussetzungen für die Weiterbearbeitung mit Photoshop bieten. Ich empfehle, darauf zu achten, dass die hellen Bildbereiche nicht überbelichtet sind. Dazu verschieben Sie den Belichtungsregler nach links. Danach wird der Gammaregler so angepasst, dass kein Bereich des Bildes zu dunkel wirkt. Kümmern Sie sich zunächst nicht um den Gesamteindruck, konzentrieren Sie sich auf die Extreme.

Der zweite Nachteil ist, dass man sich sehr gut mit dem Werkzeug Gradationskurve auskennen muss, um aus einem auf diese Weise konvertierten Bild das Beste herauszuholen. In Kapitel 6 werde ich dieses Thema eingehender besprechen.

Tone Compressor von Photomatix Pro

Photomatix Pro bietet zwei Methoden, Tonemapping-Bilder zu erzeugen: *Tone Compressor* und *Details Enhancer*. Die dritte Option (*Exposure Blending*), bei der kein 32-Bit-HDR-Bild generiert wird, ist streng genommen keine HDR-Technik. Im nächsten Kapitel werfen wir einen genaueren Blick auf *Details Enhancer*, damit können besonders gut sehr dramatische, hyperrealistische HDR-Bilder erzeugt werden. In diesem Abschnitt konzentrieren wir uns auf *Tone Compressor*. Diese Methode ist leichter anzuwenden als *Details Enhancer*, dabei aber genauso effektiv, wenn Sie fotorealistische Resultate erzielen wollen. Ich werde das anhand einer aus sechs Einzelbelichtungen mit Photomatix Pro generierten HDR-Datei erläutern.

-2 LW

-1 LW

Gemessene Belichtung

+1 LW

+2 LW

+3 LW

Öffnen Sie das HDR-Bild mit Photomatix Pro und wählen Sie *Ausführen > Tone Mapping*. Der Tonemapping-Dialog wird geöffnet und Sie sehen ein Vorschaufenster, in dem Sie das 32-Bit-Bild nach Anwendung Ihrer Einstellungen beurteilen können. Diese Vorschau in Echtzeit ist nicht ganz genau. Die tatsächliche Generierung des Tonemapping-Bildes ist ein prozessorintensiver Vorgang, bei dem eine komplizierte Kombination von Algorithmen angewendet wird. Die Unterschiede zwischen Vorschau und endgültigem Bild sind jedoch meist nicht groß.

Mit den Tone Compressor-Standardeinstellungen von Photomatix Pro wird ein HDR-Bild mit vielen Details in den Schatten und hellen Bildbereichen erzeugt. Durch Anpassung verschiedener Einstellungen erhalten Sie noch bessere Ergebnisse.

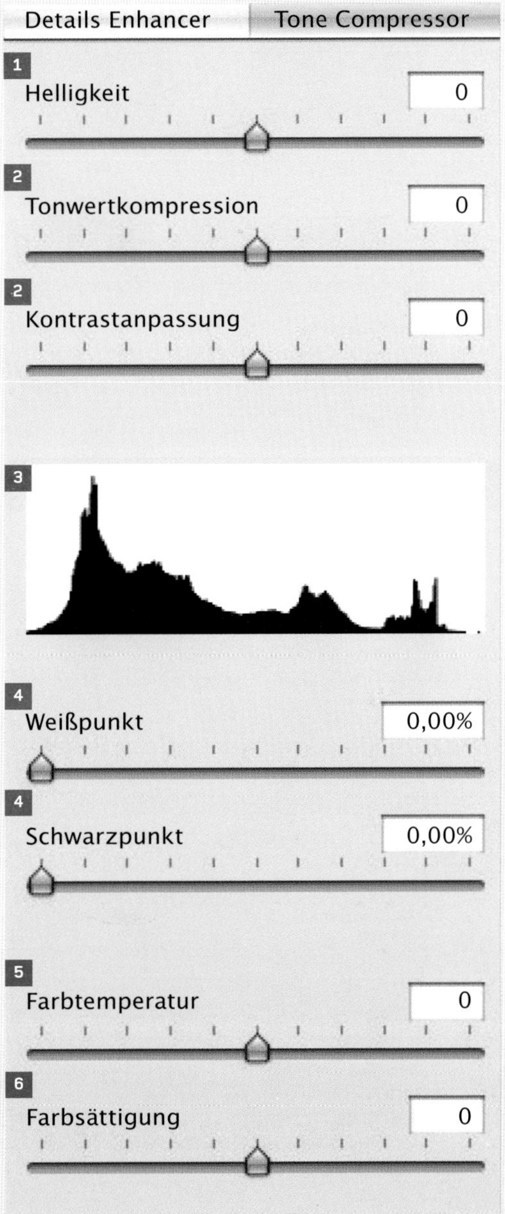

Dialogfenster von Tone Compressor

Wenn Sie *Tone Compressor* im Dialogfenster *Tone Mapping Einstellungen* auswählen, stehen Ihnen zahlreiche Einstellungsoptionen zur Verfügung. Zunächst werden diese neu für Sie sein, mit etwas Übung wird es jedoch zunehmend leichter, sehr gute Resultate zu erzielen.

1

Helligkeit Diese Einstellungsoption ähnelt dem Gammaregler für die Tonwertkorrektur der Mitteltöne bei Photoshop. Damit wird die Helligkeit des gesamten Bildes reguliert, ohne die Schwarz- und Weißpunkte zu sehr zu beeinflussen. Verschiebt man den Regler nach links, wird das Bild dunkler, verschiebt man ihn nach rechts, wird das Bild heller.

2

Tonwertkompression und Kontrastanpassung Dies sind die wichtigsten Einstellungen, sie bestimmen den lokalen Kontrast und den Tonwertumfang des entstehenden Bildes. Wenn Sie die Standardeinstellungen belassen, generiert Photomatix Pro ein Bild mit vollem Kontrastumfang, ohne beschnittene Tiefen oder Lichter. Auf der nächsten Seite werde ich ausführlicher auf diese beiden Optionen eingehen.

3

Histogramm Wie Photoshop oder Ihre Kamera zeigt das Tone Compressor-Histogramm von Photomatix Pro die Verteilung der Tonwerte innerhalb des Bildes. Hier können Sie auch überprüfen, ob Tiefen oder Lichter beschnitten werden.

4

Weißpunkt und Schwarzpunkt Die Regler für den Weißpunkt und den Schwarzpunkt arbeiten auf ähnliche Weise wie die Schieberegler in der Tonwertkorrektur von Photoshop. Mit ihnen legt man Weißpunkt (Glanzlichter) und Schwarzpunkt (Schatten) des Bildes fest.

5

Farbtemperatur Diese Einstellungsmöglichkeit ähnelt der Option in Adobe Camera Raw. Sie ermöglicht die Feineinstellung der Farben des gesamten Bildes und die Korrektur von Farbstichen.

6

Farbsättigung Diese selbsterklärende Funktion passt die Farbintensität des gesamten HDR-Bildes an.

Tonwertkompression

Laut Hilfedatei von Photomatix Pro wird mit der *Tonwertkompression* die Komprimierung des Tonwertumfangs eines 32-Bit-Bildes in den 0-256 Tonwerte umfassenden Tonwertbereich eines 8-Bit-Monitors gesteuert. Je höher der Wert, desto weiter werden Tiefen und Lichter in Richtung Mitte des Histogramms verschoben.

In der Praxis führt eine Verminderung des Wertes (Verschieben des Reglers nach links) dazu, dass ein großer Teil der Schatten des Bildes beschnitten wird.

Verschieben Sie den Regler in die andere Richtung, um den Wert zu erhöhen, werden die Schattenpartien und die hellen Bildbereiche aufgehellt, am deutlichsten jedoch die dunklen Bildbereiche.

Kontrastanpassung

Photomatix Pro beschreibt die *Kontrastanpassung* als Möglichkeit, den „Einfluss der durchschnittlichen Helligkeit des Gesamtbildes im Verhältnis zur Helligkeit des verarbeiteten Pixels" zu regeln.

Das ist wohl technisch korrekt, aber keine große Hilfe bei der Generierung eines HDR-Bildes. Einfacher ausgedrückt dehnt sich das Histogramm aus, wenn man den Schieberegler nach links bewegt und den Wert verringert. Dunkle Bildbereiche werden dunkler, helle Bildbereiche heller.

Umgekehrt erhöht sich die Kontrastanpassung bei Verschieben des Reglers nach rechts, wodurch sich das Histogramm verkleinert und ein flaues und kontrastärmeres Bild entsteht.

An dieser Stelle soll erwähnt werden, dass jede Belichtungsreihe anders ist und es keine stets gültige, optimale Einstellung gibt. Für jedes HDR-Bild werden Sie etwas Zeit investieren und unterschiedliche Einstellungen ausprobieren müssen. Wenn Sie die Ihrer Meinung nach am besten für das jeweilige Bild passenden Einstellungen festgelegt haben, klicken Sie auf die Schaltfläche *Verarbeiten*, um das LDR-Bild zu generieren. Sobald dieser Vorgang abgeschlossen ist, müssen Sie das Bild als 16-Bit oder 8-Bit-Datei im Format TIFF oder JPEG speichern (*Datei > Speichern unter*). Möchten Sie das Bild in Photoshop bearbeiten, speichern Sie es als 16-Bit-TIFF-Datei, um eine möglichst hohe Bildqualität zu erzielen. Für den Versand per E-Mail oder die Präsentation im Internet speichern Sie das Bild als 8-Bit-JPEG-Datei.

Tonwertkompression -10

Tonwertkompression +10

Kontrastanpassung -10

Kontrastanpassung +10

Tone Compressor-Einstellungen

Helligkeit: –1
Tonwertkompression: 1
Kontrastanpassung: 10
Weißpunkt: 2,90%
Schwarzpunkt: 0,00%
Farbtemperatur: –2
Farbsättigung: –4

FDRTools

Im vorherigen Kapitel haben wir uns damit beschäftigt, wie man mit FDRTools ein HDR-Bild generiert. In diesem Abschnitt werde ich erläutern, wie man mit diesem Programm ein fotorealistisches Tonemapping-Bild erzeugt. Zum jetzigen Zeitpunkt sind zwei Versionen von FDRTools erhältlich – FDRTools Basic und FDRTools Advanced. FDRTools Basic ist kostenlos und bietet eine gute Möglichkeit, die einfacheren Funktionen des Programms auszuprobieren. Die eigentliche Stärke von FDRTools ist jedoch die Tonemapping-Methode *Compressor*, die in der Basic-Version nicht zur Verfügung steht.

Die Bildsequenz mit sieben Einzelbelichtungen, die ich für die Generierung der HDR-Datei auswählte, wurde im Madinat Jumeirah Resort in Dubai aufgenommen und zeigt im Hintergrund das Hotel Burj Al-Arab. Die Belichtungsreihe wurde mit einem Intervall von 1 LW fotografiert. Wie Sie sehen, ist der Kontrastumfang der Originalszene nicht besonders hoch. Die gemessene Belichtung enthält nur wenig beschnittene Schatten und die mit der Einstellung +1 LW aufgenommene Fotografie enthält ebenfalls kaum beschnittene Lichter.

Selbst die beste Belichtungseinstellung für eine Einzelaufnahme wird der Pracht und Opulenz der Originalszene nicht gerecht. Der Vordergrund wirkt relativ langweilig, in den Schattenpartien fehlen Details und der Himmel wirkt blass und ausgewaschen. Teilweise könnte man diese Mängel mit Photoshop beheben, FDRTools bietet jedoch eine Lösung an, die ein sehr viel beeindruckenderes Endergebnis erzielt. Komplizierte Nachbearbeitung wird damit überflüssig.

–3 LW

–2 LW

–1 LW

Gemessene Belichtung

+1 LW

+2 LW

+3 LW

Eine Einzelbelichtung der Szene, auf die die Gradationskurve von Photoshop angewendet wurde, um den Kontrast leicht zu erhöhen. Tiefen und Lichter sind nur leicht beschnitten, insgesamt ist es eine „akzeptable" Fotografie. Mit einer Belichtungsreihe und der Kombination mit FDRTools erreicht man jedoch ein sehr viel besseres Ergebnis.

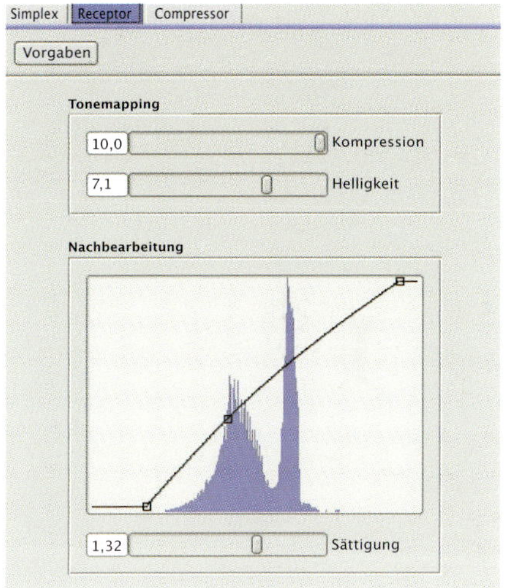

Arbeiten mit FDRTools Advanced

Wenn die Bilder mit FDRTools geöffnet wurden, bei Bedarf eine Einzelbelichtung aus der Generierung des HDR-Bildes ausgeschlossen und die Ausrichtung der Bilder korrigiert wurde (wie in Kapitel 3 beschrieben), können Sie den Tonemapping-Prozess mit einem Klick auf die Schaltfläche *Tonemapping* starten. Sie haben nun drei Optionen: *Simplex*, *Receptor* und *Compressor*. Wir werden alle drei nacheinander behandeln.

Simplex

Wie der Name schon andeutet, ist die Methode *Simplex* die einfachste Art, ein Bild mit FDRTools in eine Tonemapping-Fotografie umzuwandeln. Die Bildinformationen der ursprünglichen Belichtungsreihe werden auf einen Durchschnittswert gebracht und der Tonwertumfang der Bildsequenz in einem einzigen Bild zusammengeführt.

Bei diesem Prozess wird der lokale Kontrast des Bildes nicht verändert. Auch durch Anpassung der Nachbearbeitungskurve wird nur der globale Kontrast des Bildes geändert. Darüber hinaus gibt es keine Möglichkeit, die Darstellung der Fotografie zu beeinflussen.

Wie das oben abgebildete Beispiel zeigt, ist das Ergebnis kaum besser als die Einzelbelichtung.

Receptor

Die Tonemapping-Methode *Receptor* ähnelt der Methode *Simplex*. Zusätzlich haben Sie jedoch die Möglichkeit, über die Schieberegler *Kompression* und *Helligkeit* Einfluss auf die Darstellung des Bildes zu nehmen.

Mit dem Kompressionsregler können Sie die Komprimierung der Schattenbereiche des Bildes anpassen. Ein geringer Wert ergibt dunklere Schatten. Der Helligkeitsregler ermöglicht die Veränderung der Helligkeit des entstehenden Bildes.

Da die Resultate dieser Methode den Bildern ähneln, die mit *Simplex* erzeugt wurden, habe ich auf ein Beispielfoto verzichtet. Das beste Bild war fast identisch mit dem abgebildeten Beispiel. Auch mit dieser Methode gelang also keine Verbesserung gegenüber der gemessenen Belichtung.

Compressor

Im Gegensatz zu den beiden vorherigen Methoden verstärkt *Compressor* den lokalen Kontrast der Fotografie, um Details in bestimmten Bildbereichen herauszuarbeiten. Sie erlangen dadurch eine sehr viel größere Kontrolle über die Darstellung Ihres Bildes.

Nach Anklicken von *Compressor* oben im Hauptfenster von *FDRTools* wird der Compressor-Dialog geöffnet. Hier stehen Ihnen vier Regler und eine Nachbearbeitungskurve zur Verfügung.

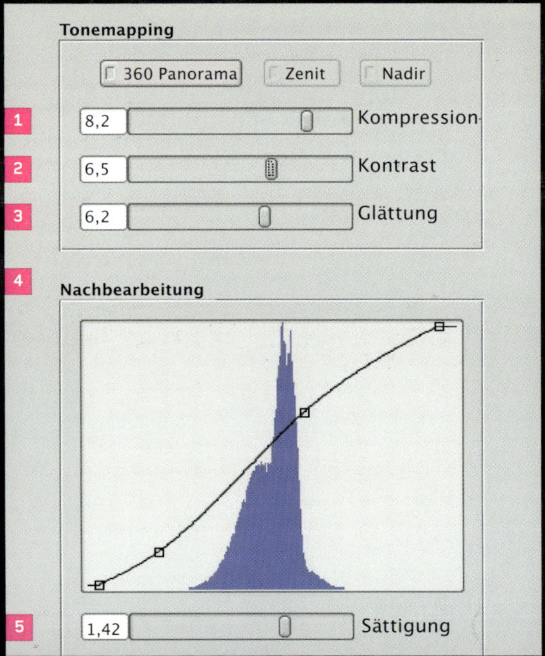

1

Kompression Mit dem Schieberegler *Kompression* wird der lokale Kontrast des Bildes kontrolliert, das ist eines der nützlichsten Tonemapping-Werkzeuge. Auf der nächsten Seite gehe ich ausführlicher darauf ein.

2

Kontrast Mit diesem Regler beeinflussen Sie den Kontrast des gesamten Bildes, auch globaler Kontrast genannt.

3

Glättung In der Hilfedatei von FDRTools steht, dass der Schieberegler *Glättung* den Effekt des Kontrastreglers verstärkt oder abschwächt. Praktisch bedeutet das, dass man ihn zur Feineinstellung des Kontrasts verwenden kann.

4

Nachbearbeitung Die Nachbearbeitungskurve ähnelt dem Photoshop-Werkzeug *Gradationskurve*. Mit ihr können die Schwarz- und Weißpunkte eines Bildes neu festgelegt und der globale Kontrast und die Helligkeit angepasst werden.

5

Sättigung Der letzte Regler ist am einfachsten anzuwenden, damit wird die Farbsättigung des Bildes erhöht oder verringert. Der Standardwert ist 1. Ziehen Sie den Regler nach links, um die Sättigung zu verringern, oder nach rechts, um sie zu erhöhen.

Kompression

Mit dem Kompressionsregler kontrolliert man den einem Bild hinzugefügten lokalen Kontrast. Der Standardwert liegt bei 5. Durch Verschieben des Reglers nach rechts wird der lokale Kontrast erhöht, durch Verschieben nach links wird er verringert. Die beiden Beispielfotos verdeutlichen den Unterschied zwischen einem niedrigen und einen hohen Wert.

Bei der Einstellung 0 wird dem Bild nur wenig oder gar kein lokaler Kontrast hinzugefügt, es wirkt ähnlich wie die mit anderen Methoden erzeugten Bilder.

Erhöht man den Wert auf 10, verändert sich der Bildeindruck dramatisch. Diese Einstellung wirkt sich in verschiedener Hinsicht auf das Bild aus, am deutlichsten bei der Helligkeit und Detailfülle im Bildvordergrund. *Compressor* versucht, die Details in jedem Bildbereich zu maximieren. Der ursprüngliche Vordergrund wirkte im Vergleich zum Rest des Bildes flau, deshalb sind die Veränderungen hier besonders offensichtlich.

Sie sehen, dass die Details der hellen Bildstellen deutlicher hervortreten, dies fällt besonders bei den Steinen am Rande des Sees auf. Im Vergleich zu der Version mit geringem Kompressionswert sind die Steine dunkler. Auch dies liegt daran, dass der Kontrastumfang des kleinen Bildbereichs an die Kontrastvariationen des gesamten Bildes angepasst wurde.

Kompression: 0

Kompression: 10

Kontrast

Während mit dem Kompressionsregler der lokale Kontrast verändert wird, kontrolliert man mit dem Kontrastregler den globalen Kontrast des Bildes. Ein geringer Wert vermindert den Kontrast im gesamten Bild, die dunklen Bildbereiche werden etwas heller dargestellt, die hellen Bereiche etwas dunkler. Verschiebt man den Regler nach rechts, wird der globale Kontrast verstärkt.

In diesem Beispiel führte die Kontrasteinstellung 0 zu einem flauen Bild und scheinbar auch zu beschnittenen Lichtern. Die Einstellung 10 ergibt ein sehr viel beeindruckenderes Foto und verstärkt die Effekte der Kompression.

Kontrast: 10

Kontrast: 0

Die mit FDRTools *Compressor* entstandene Fotografie wirkt gegenüber der gemessenen Belichtung stark verbessert. Im Vordergrund sind mehr Details zu erkennen, der Tonwertumfang dieses Bildbereichs gleicht dem Rest des Bildes. Auch in den Schatten und den hellen Bildbereichen sieht man mehr Details, der Himmel wird ebenfalls besser dargestellt. Diese Version ist allerdings nicht mehr ganz fotorealistisch, sie ist etwas zu farbenfroh und detailliert. Diese Effekte kann man aber anpassen, um ein dezenteres Endergebnis zu erzielen.

Zum Vergleich habe ich noch zwei weitere Versionen des Fotos erstellt. Das linke Bild wurde mit der Photoshop-Funktion *Lokale Anpassung* erzeugt, das rechte Bild mit *Tone Compressor* von Photomatix Pro. In beiden Fällen treten die gleichen Probleme wie bei der Einzelbelichtung auf. Der Vordergrund wirkt langweilig, die Schatten weisen nur wenig Details auf und die Farben wirken ausgewaschen. Photomatix Pro liefert ein etwas besseres Ergebnis als Photoshop, beide Resultate fallen aber hinter die optimierte Einzelbelichtung zurück und erreichen bei Weitem nicht die Qualität des mit FDRTools generierten Bilds.

Daraus sollte man nicht schließen, dass FDRTools das „beste" HDR-Programm ist. Je nach Belichtungsreihe liefern die verschiedenen Programme und Methoden unterschiedlich gute Ergebnisse. In diesem Fall erzeugte FDRTools das beste Foto, das wird aber nicht immer so sein. Manchmal erreicht man mit Photomatix Pro, dann wieder mit Photoshop ein besseres Resultat, abhängig von den Ausgangsbildern und dem Effekt, den man erzielen möchte.

Bei einigen Originalszenen ist es ausgesprochen schwierig und manchmal sogar unmöglich, ein fotorealistisches Bild zu erzeugen. Das liegt nicht an den eingesetzten Techniken, sondern daran, dass sich die Szene nicht für eine fotorealistische Darstellung eignet. Für Motive dieser Art empfehle ich die hyperrealistische Darstellung. Dieses Thema behandele ich ausführlich im nächsten Kapitel.

Das Bild entstand mit der Methode *Lokale Anpassung* von Photoshop.

Hier wurde die Methode *Tone Compressor* von Photomatix Pro angewendet.

Compressor-Einstellungen

Kompression: 8,2
Kontrast: 6,5
Glättung: 6,2
Sättigung: 1,42

◄
„Ende eines schönen Tages"
© Michael Steighner

►
„Ohne Titel"
© Ricardo Aguilar Herrera

▼◄
„In den Everglades"
© Michael Steighner

▲
„Heswall Beach"
© Pete Carr

▶▲
„Sonnenuntergang in Storeton"
© Pete Carr

▶▶▲
„Ein Abend der Reflexion"
© Pete Carr

◀
„Sonnenuntergang
bei Sebring“
© Michael Steighner

◀
„Tadsch Mahal"
© Trey Ratcliff

▶
„Geheimer Garten II"
© John Maslowski

◀ ▼
„Geheimnisse und Abenteuer des Neuen Jahres"
© Trey Ratcliff

▶ ▼
„Geheime Wasserfälle II"
© John Maslowski

MAGNOLIA
MAGNOLIA
Mobilgas
Mobilgas
Mobilgas

„Benzinparadies"
© Ben Willmore

▶
„Plant in Operation"
© David Nightingale

▼
„Barcelona #4"
© David Nightingale

WARNING
CONSTRUCTION
PLANT IN
OPERATION
PLEASE KEEP OUT

Kapitel 5
Hyperrealistische HDR-Bilder

Photomatix Pro:

Details Enhancer

Bevor wir uns näher mit zwei Beispielen hyperrealistischer HDR-Bilder beschäftigen, führe ich Sie Schritt für Schritt durch das Tonemapping mit *Details Enhancer* von Photomatix Pro. Bei dieser Methode wird der Tonwertumfang einzelner Bildbereiche vergrößert. Der Himmel wirkt kontrastreicher, der Bildvordergrund hat einen großen Tonwertumfang und auch die anderen Bildbereiche enthalten je nach Informationsgehalt der Belichtungsreihe mehr Details. Deshalb ist es wichtig, dass die Belichtungsreihe alle Tonwerte in Schatten und hellen Bereichen einer Szene einfängt. Werden die Details der dunkelsten Bildstellen nicht aufgezeichnet, enthält auch das Tonemapping-Bild keine Zeichnung in diesen Bereichen. Sind die Lichter der gesamten Sequenz beschnitten, ist dies auch beim Tonemapping-Bild der Fall. In dieser Einführung arbeiten wir mit einer Belichtungsreihe aus sieben Einzelbelichtungen mit einem Intervall von 1 LW. So konnte der gesamte Kontrastumfang der Originalszene eingefangen werden.

Nachdem wir wie in Kapitel 3 beschrieben ein 32-Bit-HDR-Bild erzeugt haben, können wir mit dem Tonemapping beginnen. In Photomatix Pro wird dieser Prozess im Menü *Ausführen* (*Ausführen> Tone Mapping*) gestartet. Der Tonemapping-Dialog wird geöffnet, standardmäßig ist *Details Enhancer* ausgewählt. Die Einstellungsmöglichkeiten wirken zunächst verwirrend, auf den nächsten Seiten werde ich alle Optionen aber ausführlich erklären.

−3 LW

−2 LW

−1 LW

Gemessene Belichtung

+1 LW

+2 LW

+3 LW

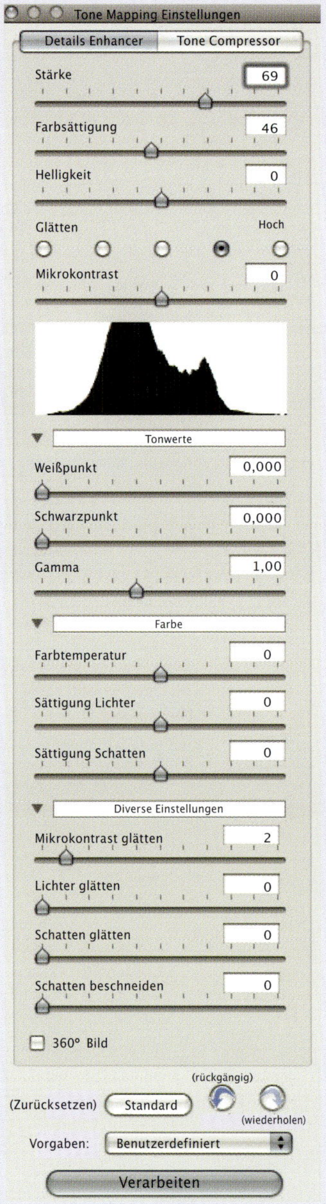

Einstellungen von ***Details Enhancer***

Histogramm der Belichtung −3 LW

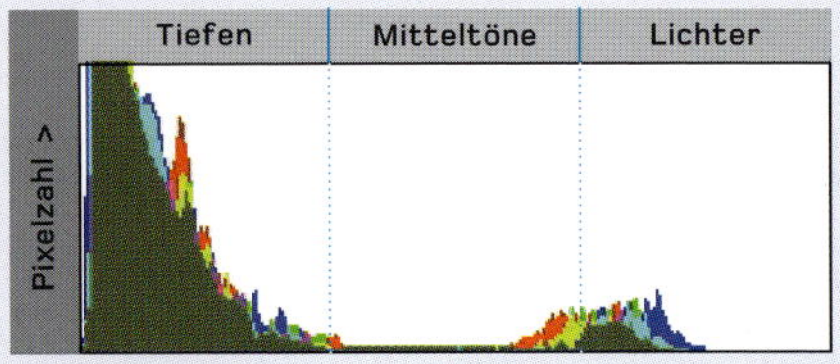

Histogramm der Belichtung +3 LW

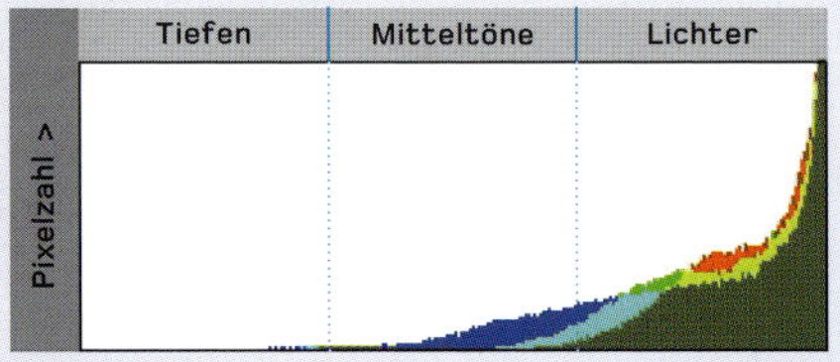

Stärke

Mit dem Regler *Stärke* werden alle Einstellungen von *Details Enhancer* beeinflusst. Bei der Einstellung 0 werden alle anderen Anpassungen fast vollständig aufgehoben. Um den größtmöglichen Nutzen aus *Details Enhancer* zu ziehen, müssen Sie daher einen Wert größer als 0 einstellen. Bei den verschiedenen Anpassungen – nicht nur des Wertes Stärke – sollten Sie immer wieder einen Blick auf das Histogramm werfen. Dort können Sie die relative Tonwertverteilung ablesen und überprüfen, wie sich die Anpassungen darauf auswirken.

Der Standardwert des Stärkereglers beträgt 70 %, mit einem Wert zwischen 80 % und 100 % erreiche ich aber oft interessantere Resultate. Maximieren Sie die Stärke auf 100 %, intensiviert sich der Kontrast des gesamten Bildes. Entscheidender noch ist die Erhöhung des lokalen Kontrasts. Im Mauerwerk, den Graffitis und im Himmel sind nun sehr viel mehr Details zu sehen.

Farbsättigung

Dieser Regler ist eigentlich selbsterklärend. Er hat eine ähnliche Wirkung wie der Regler für *Farbton/Sättigung* in Photoshop. Der Wert 0 ergibt ein Schwarz-Weiß-Bild, durch Verschieben des Reglers nach rechts wird die Sättigung erhöht.

Helligkeit

Mit dem Regler *Helligkeit* bestimmen Sie, wie stark die Tonwerte des Bildes gebündelt oder komprimiert werden. Durch Anpassung dieses Reglers wird auch die Helligkeit des gesamten Bildes beeinflusst. Um diesen Effekt auszugleichen, habe ich deshalb bei den Beispielen auch den Gammaregler angepasst. Diese Option entspricht dem gleichnamigen Regler für die Tonwertkorrektur in Photoshop. Dadurch wird es etwas komplizierter, da ich zwei Anpassungen gleichzeitig vorgenommen habe. Die Auswirkungen des Helligkeitsreglers werden so aber sehr gut deutlich.

Ein Helligkeitswert von -10 (mit der Gammaeinstellung 0,48) führt dazu, dass der lokale Kontrast und der Grad der Tonwertkomprimierung des Bildes verringert werden.

Bei der Helligkeitseinstellung +10 (mit der Gammaeinstellung 0,96) entsteht ein sehr viel eindrucksvolleres Bild mit höherem lokalen Kontrast und stärkerer Tonwertkomprimierung.

Da Änderungen der Helligkeit fast immer die Anpassung der Gammaeinstellung erfordern, müssen Sie etwas Zeit für die richtigen Einstellungen investieren, die großen Einfluss auf die spätere Bildwirkung haben.

Stärke: 0

Stärke: 100

Helligkeit: -10

Helligkeit: +10

Glätten: Min

Glätten: Mittel

Mikrokontrast: -10

Glätten: Max

Mikrokontrast: +10

Glätten

Es gibt fünf Schaltflächen für die Einstellung von *Glätten*, vom geringsten Wert *Min* bis zum höchsten Wert *Max*. Bei der Einstellung *Min* werden Halos sichtbar, insbesondere bei Bildelementen vor einem hellen Himmel oder einer glatten Oberfläche. Das Bild wirkt zudem sehr kontrastarm.

Wenn Sie stattdessen den Wert *Max* einstellen, wirkt das Bild sehr viel realistischer und es kommt nicht zu offensichtlichen Halo-Effekten. Auch die Tonwertverteilung ist gleichmäßiger. Dabei geht jedoch auch die leicht surreale Bildwirkung verloren, die viele HDR-Bilder auszeichnet.

Die zwischen diesen Extremen liegende Einstellung *Mittel* führt zum interessantesten Bildeindruck. Zwar kommt es zu leichten Halo-Effekten am oberen Rand der Mauern (die mit Photoshop ausgebessert werden können), der Vordergrund und die Maueroberflächen wirken nun jedoch besser ausgeleuchtet und die Tonwerte sind gleichmäßiger im ganzen Bild verteilt. Dabei wurde der typische „HDR-Look" bewahrt.

Als Faustregel empfehle ich, den Wert *Glätten* so lange zu erhöhen, bis die Halos verschwunden sind. Dabei kommt es vor allem auf Ihr ästhetisches Empfinden an. Wenn Sie ein fotorealistisches Resultat bevorzugen, stellen Sie den Wert höher ein, für ein eher surreales Ergebnis

Mikrokontrast

Mit dem Regler *Mikrokontrast* kontrollieren Sie, „wie stark lokale Kontraste betont werden". Anders ausgedrückt beeinflussen Sie den lokalen Kontrast in verschiedenen Bereichen des Bildes. Wie beim Helligkeitsregler wirken sich Veränderungen des Mikrokontrasts auf das gesamte Bild aus. Die beiden abgebildeten Beispiele wurden wieder mit dem Gammaregler angepasst, um die Helligkeit des gesamten Bildes zu erhalten. Die Wirkung ist sehr dezent, bei einem hohen Mikrokontrastwert sieht man aber, dass sich der Kontrast in bestimmten Bereichen des Bildes erhöht.

Farbtemperatur: -5

Mikrokontrast glätten: 30

Farbtemperatur: +4

Tonwerte

Die Tonwerteinstellungen sind Ihnen vielleicht vertrauter als die anderen Werkzeuge von *Details Enhancer*. Den Gammaregler haben wir bereits erwähnt, mit ihm wird die Helligkeit des gesamten Bildes (die „Belichtung") reguliert. Die anderen beiden Regler, *Weißpunkt* und *Schwarzpunkt*, ähneln den Werkzeugen *Tonwertkorrektur* und *Gradationskurve* anderer Bildbearbeitungsprogramme. Sie können damit den Weißpunkt und Schwarzpunkt Ihres Bildes festlegen. Außer bei einem Histogramm mit stark komprimiertem Tonwertumfang empfehle ich, diese Einstellungen bei 0 zu belassen und Weißpunkt und Schwarzpunkt bei der Nachbearbeitung anzupassen. Sie riskieren sonst beschnittene Tiefen oder Lichter.

Farbe

Die Einstellungsmöglichkeiten für *Farbe* sind selbsterklärend, insbesondere der Regler *Farbtemperatur*, mit dem der Weißabgleich des Tonemapping-Bildes kontrolliert wird. Durch Verschieben des Reglers nach links wird die Farbstimmung zunehmend blau und kühl, schiebt man den Regler nach rechts, erhält man ein wärmer getöntes Bild. *Sättigung Lichter* und *Sättigung Schatten* erlauben Ihnen die gezielte Anpassung der Farbsättigung in den dunklen und hellen Bildbereichen. Da Tonemapping mit *Details Enhancer* oft zu höher gesättigten Schattenbereichen führt, sind diese Einstellungsmöglichkeiten oft sehr nützlich.

Diverse Einstellungen

Es gibt vier weitere Einstellungsmöglichkeiten unter dem Oberbegriff *Glätten*. Die wichtigste ist der Regler *Mikrokontrast glätten*. Mit ihm kann man die mit dem Regler *Mikrokontrast* durchgeführten Änderungen ausgleichen. Bei einem hohen Wert für *Mikrokontrast* kann es zu Bildrauschen im konvertierten Bild kommen, insbesondere im Himmel und in anderen Bildbereichen mit sehr weichen Farbübergängen. Die Standardeinstellung des Reglers ist 2, Sie können einen Wert zwischen 0 und 30 einstellen. Bei der Einstellung 30 erhalten Sie ein ähnliches Resultat wie bei einem Mikrokontrastwert von -10. Eine sehr hohe Einstellung macht also die Auswirkungen der Mikrokontrastanpassungen rückgängig. Das entstehende Bild wirkt realistischer.

Lichter glätten: +45

Lichter glätten: +100

Schatten glätten: +100

**Lichter glätten
und Schatten glätten**

Mit den beiden Reglern *Lichter glätten* und *Schatten glätten* reguliert man die globalen Anpassungen am jeweiligen Ende des Tonwertumfangs. Die Mitteltöne werden davon nicht betroffen, sodass Sie gezielt die Tonemapping-Effekte in den Schatten und Lichtern beeinflussen können.

Der Regler *Lichter glätten* ist besonders nützlich, da mit ihm die Auswirkungen des Tonemappings auf den Himmel kontrolliert werden können. Dieser Bildbereich wirkt sehr schnell überbearbeitet oder enthält ausgeprägtes Bildrauschen. Wie bei allen anderen Reglern von *Details Enhancer* variiert die optimale Einstellung je nach Ausgangsbild, in diesem Fall führte der Wert 45 bei *Lichter glätten* zu einem natürlich wirkenden Himmel. Erhöht man den Wert auf 100, werden alle hellen Bereiche der Bildszene beeinflusst. Das Resultat ist ein flaues, langweiliges Bild mit nur wenig Details in den hellen Bildbereichen.

Die Einstellungsmöglichkeit *Schatten glätten* ist weniger hilfreich. Nur selten ist es nötig oder gewünscht, die Auswirkungen der lokalen Kontrastanpassungen in den dunklen Bildbereichen zu regulieren. Wenn Sie die Einstellung verwenden, sollten Sie keinen zu hohen Wert wählen. Wie beim Regler *Lichter glätten* könnte dies zu einem langweiligen Bildeindruck führen.

Schatten beschneiden

Das letzte Werkzeug im Dialogfenster von *Details Enhancer* ist der Regler *Schatten beschneiden*. Mit ihm können gezielt die Tiefen eines Tonemapping-Bildes beschnitten werden, um sichtbares Bildrauschen in den dunklen Bildbereichen zu verringern. Das Beschneiden der Tonwerte ist zum jetzigen Zeitpunkt allerdings nicht zu empfehlen, da das Vorschaufenster leicht vom späteren Tonemapping-Bild abweicht. Die genauen Auswirkungen dieser Einstellung sind nicht vorherzusehen. Sehr viel kontrollierter kann man diesen Schritt in einem Bildbearbeitungsprogramm durchführen.

Damit sind wir am Ende der Beschreibung der Werkzeuge von *Details Enhancer* angelangt und können diese nun praktisch anwenden. Auf den folgenden Seiten werden wir anhand von zwei Beispielbildern untersuchen, wie man die Einstellungen optimieren kann, um Bilder zu erzeugen, die den eigenen Vorstellungen entsprechen.

Details Enhancer: Beispiel 1

-2 LW

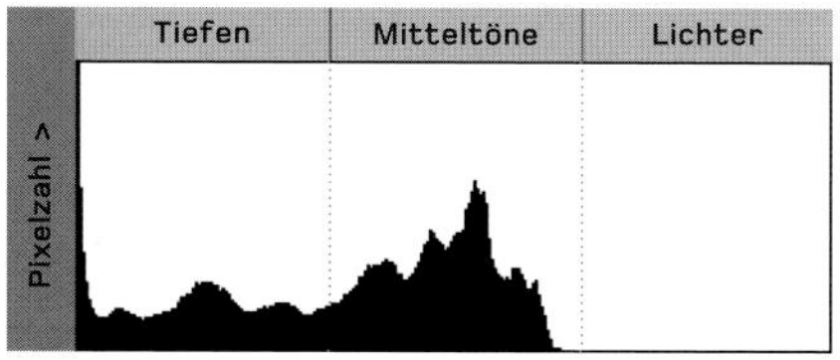

Histogramm der Belichtung -2 LW

Gemessene Belichtung

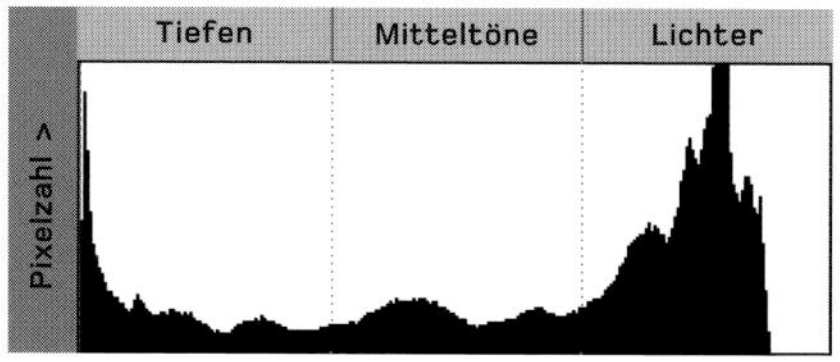

Histogramm der gemessenen Belichtung

+2 LW

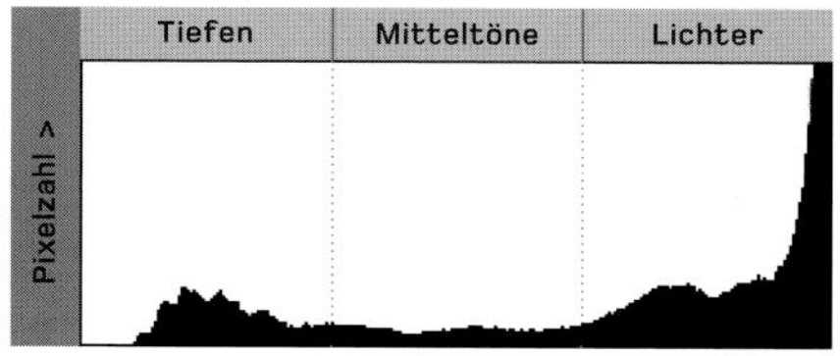

Histogramm der Belichtung +2 LW

Die abgebildete Belichtungsreihe und die dazugehörigen Histogramme zeigen, dass sich diese Originalszene sehr gut für die HDR-Bearbeitung eignet. Der Lichtwertumfang ist höher als der Kontrastumfang des Kamerasensors und die interessanten Details der Metallstruktur gehen bei der gemessenen Belichtung verloren. Eine Einzelaufnahme des Motivs wäre nicht besonders eindrucksvoll, selbst wenn sie den gesamten Kontrastumfang aufzeichnen könnte.

Bevor wir die einzelnen Schritte der Bearbeitung dieser Bildsequenz behandeln, prüfen wir anhand der Histogramme der Einzelbelichtungen, was ich falsch gemacht habe bzw. wie diese Belichtungsreihe verbessert werden könnte.

Auf der rechten Seite des Histogramms der dunkelsten Belichtung sieht man eine große Lücke zwischen dem Ende der Tonwertkurve und dem Rand des Histogramms. Alle hellen Bilddetails der Originalszene wurden aufgezeichnet, das Bild ist aber dunkler als nötig. Gleichzeitig wurden mit der hellsten Belichtung zwar alle Details in den Schatten eingefangen, der Abstand zwischen dem linken Rand des Histogramms und den letzten Tonwerten ist allerdings recht klein. Dies weist darauf hin, dass die gemessene Belichtungseinstellung nicht ideal war. Die gesamte Belichtungsreihe hätte ein oder zwei Blendenstufen überbelichtet werden müssen. Dadurch wäre die dunkelste Belichtung heller, hätte aber noch alle Details in den hellen Bildbereichen aufgezeichnet. Wichtiger noch, auch das hellste Bild wäre aufgehellt worden, in den Schatten stünden nun mehr Details zur Verfügung.

Dennoch war es ziemlich einfach, aus diesen drei Einzelbelichtungen ein HDR-Bild zu generieren. Die einzige wesentliche Anpassung bestand in der Reduzierung der Bewegung im Hintergrund, die durch die Wellen des Meeres entstand.

Normalerweise gefallen mir extreme HDR-Bilder besser, ich werfe aber immer einen kurzen Blick auf die Standardeinstellungen der Tonemapping-Dialoge von Photomatix Pro. Nicht zuletzt, weil diese generell ein guter Ausgangspunkt für weitere Anpassungen sind, so auch im vorliegenden Beispiel (Bild A). Die Tonwertbalance zwischen der Metallstruktur und dem Rest des Bildes ist ausgeglichen, sowohl auf der Metalloberfläche als auch in den Wellen sind genügend Details zu sehen. Das Bild kann aber noch verbessert werden.

Zunächst erhöhte ich die Stärke und wählte die höchste Einstellung 100 (Bild B). Das Bild wirkt sofort eindrucksvoller, da der Himmel dunkler erscheint, während die Struktur und der Bildvordergrund heller dargestellt werden und dadurch die Details der Metalloberfläche hervortreten.

A

Mit den Standardeinstellungen erzeugtes Tonemapping-Bild

B

Stärke: +100

C

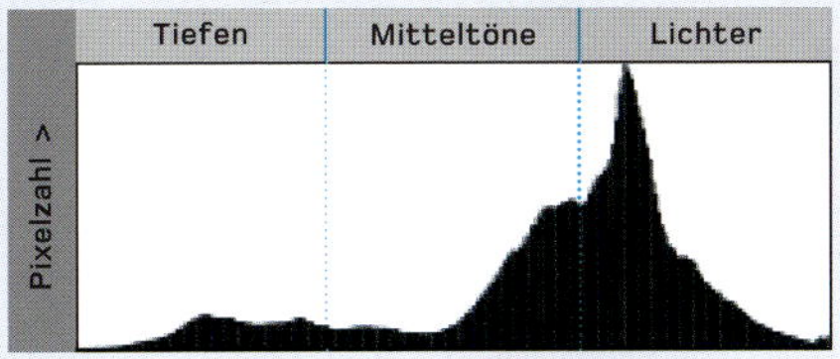

Histogramm bei der Einstellung Stärke +100

D

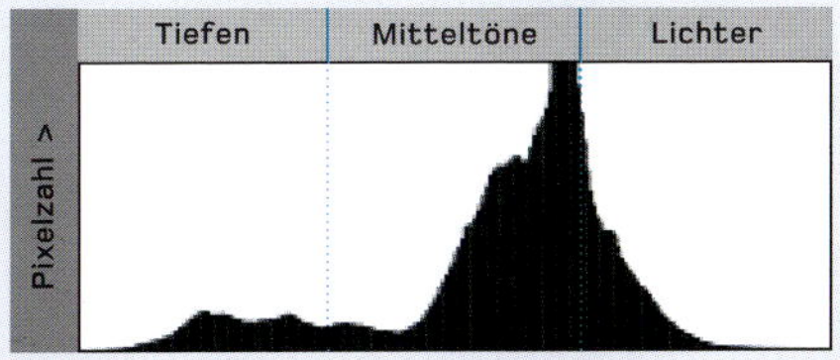

Nach Anpassung von Weißpunkt und Gamma

Das Histogramm von *Details Enhancer* (Bild C) zeigt jedoch, dass die Erhöhung der Stärke zu leicht beschnittenen Lichtern führte. Um diesen Effekt zu korrigieren, reduzierte ich den Weißpunkt auf den Wert 0,015. Dann verringerte ich den Gammawert auf 0,91, um den durch die Anpassung des Weißpunkts entstandenen Helligkeitsverlust auszugleichen.

Dadurch verändert sich das Bild kaum, in den hellen Bildstellen ist jedoch wieder Zeichnung vorhanden (Bild D), so dass im Tonemapping-Bild wirklich alle Details erhalten bleiben.

Die nächsten drei Veränderungen bestanden in einer Erhöhung des Mikrokontrasts auf +5, der Helligkeit auf +3 und einer Änderung der Gammaeinstellung auf den Wert 1 (Bild E). Die erste Anpassung verbesserte die Darstellung der kleinsten Details des Tonemapping-Bildes. Im Beispielbild wird dieser Effekt an der Metallstruktur deutlich, Rost, Kratzer und die Spuren der Brandung treten deutlich hervor.

Die Anpassung der Helligkeit muss etwas ausführlicher erklärt werden. Wie schon erwähnt, wird mit diesem Regler die Tonwertkomprimierung innerhalb des Bildes kontrolliert. Wird der Wert erhöht, werden die Tonwerte komprimiert, gleichzeitig scheint sich der lokale Kontrast zu verstärken. Diese Einstellung beeinflusst also ebenfalls die Darstellung der Bilddetails.

Die dritte Anpassung, das Zurücksetzen des Gammareglers auf den Standardwert, glich die beiden vorhergehenden Änderungen wieder aus, die das gesamte Bild aufgehellt hatten. Generell muss man den Gammaregler häufig einsetzen, um Helligkeitsveränderungen durch die anderen Regler auszugleichen.

E

Mikrokontrast und Helligkeit erhöht

Mikrokontrast: +5
Helligkeit: +3
Gamma: 1

F

Mikrokontrast glätten: 15

Erhöhte Einstellung *Mikrokontrast glätten*

Um das Bildrauschen zu minimieren, stellte ich den Regler *Mikrokontrast glätten* auf den Wert 15 (Bild F). Dadurch kam es jedoch zu zwei unerwünschten Effekten. Der lokale Kontrast in allen Bereichen wurde reduziert. Die beeindruckende Bildwirkung ging dabei verloren.

Die zweite Auswirkung dieser Anpassung war, dass auch sehr viel Details im Vordergrund verloren gingen, die bei der Nachbearbeitung nicht mehr hinzugefügt werden können. Indem ich die Einstellung *Mikrokontrast glätten* wieder rückgängig machte und ein Bild mit erhöhtem Bildrauschen generierte, konnte ich die Bildwirkung und die Details der Metallstruktur erhalten. Das Bildrauschen kann auch nachträglich entfernt werden.

Die anderen Einstellungen von *Details Enhancer* beließ ich bei den Standardwerten und entschied mich gegen Farbveränderungen oder das Glätten der Lichter. Mit einem Klick auf *Verarbeiten* startete ich die Generierung des Tonemapping-Bildes.

Nachbearbeitung

Nachdem ich das Tonemapping-Bild als 16-Bit-TIFF-Datei gespeichert hatte, öffnete ich die Datei für einige letzte Änderungen mit Photoshop. Zuerst erhöhte ich den globalen Kontrast mit dem Werkzeug *Gradationskurve*, auf das ich im nächsten Kapitel näher eingehen werde. Wenn der Weißpunkt und der Schwarzpunkt während des Tonemappings nicht angepasst und somit die Tiefen und Lichter nicht beschnitten wurden, lässt es sich meist nicht vermeiden, dass das Tonemapping-Bild flau wirkt. In solchen Fällen eignet sich die Gradationskurve sehr gut, um dem Bild etwas mehr Kontrast zu verleihen, ohne dabei Tiefen oder Lichter zu beschneiden.

Anschließend korrigierte ich den Halo-Effekt um die linke Metallsäule. Zwar kam es oberhalb der gesamten Metallstruktur zu Halo-Effekten, aber nur an dieser Stelle fiel das besonders unangenehm auf. Auch diese Technik werde ich im nächsten Kapitel näher erläutern.

Schließlich entfernte ich das Bildrauschen mit *Noiseware Professional*. Im Vergleich zu jeder Einzelbelichtung der Belichtungsreihe ist die entstandene Fotografie eine deutliche Verbesserung und die Bildwirkung ist sehr viel eindrucksvoller.

Einstellungen von *Details Enhancer* in Photomatix Pro

Stärke: 100
Farbsättigung: 60
Helligkeit: 3
Glätten: Mittel
Mikrokontrast: 5
Mikrokontrast glätten: 2
Lichter glätten: 0
Schatten glätten: 0
Schatten beschneiden: 0
Gamma: 1

Details Enhancer: Beispiel 2

Im vorherigen Beispiel war das ursprüngliche Tonemapping-Bild der fertigen Fotografie sehr ähnlich. Nur etwas Kontrast wurde in Photoshop hinzugefügt, um dem Bild den letzten Schliff zu geben. Die beiden unten gezeigten Aufnahmen unterscheiden sich jedoch stark voneinander. Das Tonemapping-Bild wurde auf genau die gleiche Weise nachbearbeitet wie im vorherigen Beispiel, mit der Einstellungsebene *Gradationskurve* in Photoshop. Diesmal wurde aber sehr viel mehr Kontrast hinzugefügt.

Ich habe das Beispiel ausgewählt, da es sehr gut verdeutlicht, dass ein intuitives Vorgehen bei der Erstellung hyperrealistischer HDR-Bilder oft nicht möglich ist. Stattdessen erzeugt man ein Tonemapping-Bild, dessen Bildwirkung entgegengesetzt der Bildwirkung ist, die man erzielen möchte. Hier wirkt das Tonemapping-Bild ganz besonders flau und langweilig. Durch nur eine einzige Anpassung in Photoshop verwandelte es sich in eine sehr viel überzeugendere Fotografie. Bevor ich auf den Grund dafür eingehe, sehen wir uns die Belichtungsreihe aus fünf Einzelbildern an, die mit dem Intervall $1\frac{1}{3}$ LW aufgenommen wurde.

Fast alle Belichtungsreihen werden von der Einstellung der gemessenen Belichtung bestimmt. Hier musste ich die Bilder aber unterbelichten, da ich gegen die Sonne fotografierte. Zwar entstand die Aufnahme früh am Morgen und die Sonne wurde teilweise von Wolken verdeckt, dennoch war sie im Vergleich zum Rest der Szene sehr hell. Ich musste das Bild mit dem Wert -4 LW unterbelichten, um alle Tonwerte der hellen Bildbereiche einzufangen. Um die gesamten Details in den Schatten aufzunehmen, reichte hingegen eine Überbelichtung von nur $1\frac{1}{3}$ LW aus.

Nachdem mit Photomatix Pro ein HDR-Bild generiert wurde, wird im nächsten Schritt das Tonemapping überprüft. Hier führten die Standardeinstellungen bereits zu einem guten Ergebnis (unten links). Öffnet man das generierte Tonemapping-Bild mit Photoshop und fügt mithilfe einer Gradationskurve Kontrast hinzu, könnte man die Fotografie eigentlich als „fertig" bezeichnen, ohne irgendeinen der Tonemapping-Parameter verändern zu müssen (unten rechts).

-4 LW

$-2\frac{2}{3}$ LW

$-1\frac{1}{3}$ LW

Gemessene Belichtung

$+1\frac{1}{3}$ LW

Tonemapping-Bild mit den Standardeinstellungen von Photomatix Pro

Mit Gradationskurven optimierte „Standard"-Version

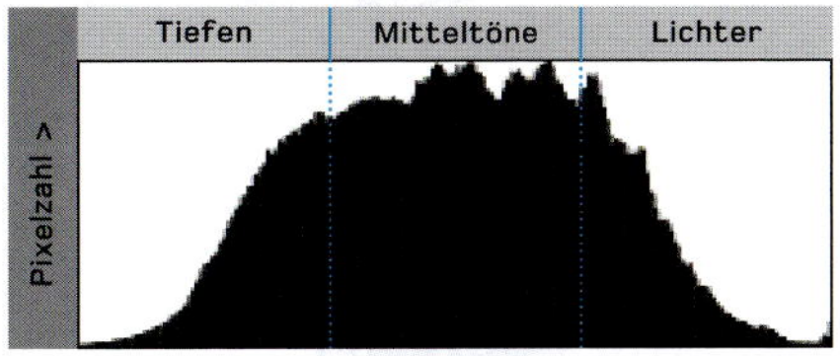

Histogramm des „Standard"-Tonemapping-Bildes

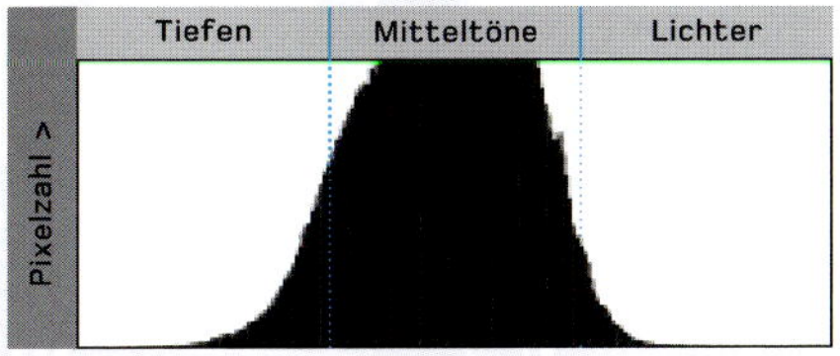

Histogramm des nachbearbeiteten Tonemapping-Bildes

Erste Tonemapping-Anpassungen

Weißpunkt: 0
Stärke: 100
Gamma: 0,50

Wenn die Standardeinstellungen im Tonemapping-Dialog eigentlich ein gutes Ergebnis liefern, warum erstellte ich dann ein sehr viel flaueres Bild, dessen Kontrast später erhöht werden muss?

Dafür gibt es zwei Hauptgründe. Zunächst kam es bei den Standardeinstellungen zu leicht beschnittenen Lichtern. Am deutlichsten zu sehen ist dies im Bereich um die Sonne. Dieser Effekt hätte durch Anpassung des Weißpunkts leicht korrigiert werden können und ist auch nicht wirklich störend. Der zweite Grund ist komplizierter: Ich wollte ein Bild erzeugen, das einen einheitlichen Tonwertumfang besitzt.

Das Gebüsch auf der linken Seite des Bildes erscheint in der mit den Standardeinstellungen generierten Tonemapping-Version sehr dunkel. Auch der Himmel ist im Vergleich zum Bild auf der nächsten Seite etwas heller und im Gras des Vordergrunds sieht man einige dunkle und helle Flecken. Die flauere Version besitzt nach dem Hinzufügen von Kontrast mit der Gradationskurve einen sehr viel einheitlicheren Tonwertumfang. Das Gebüsch ist heller, der Himmel dunkler und das Gras im Vordergrund ist gleichmäßiger ausgeleuchtet.

Wenn Sie die Histogramme der beiden Versionen miteinander vergleichen, wird Ihnen auffallen, dass die Tonwerte der optimierten Version sich in der Mitte des Histogramms sammeln. Die meisten Tonwerte gibt es also im Bereich der Mitteltöne. Erhöht man nun den Kontrast, wirkt sich dies im ganzen Bild auf gleiche Weise aus.

Auch wenn der technische Aspekt für Sie keinen großen Sinn ergibt, seien Sie unbesorgt. Letztlich geht es darum, dass das entstehende Bild einen möglichst ausgeglichenen Tonwertumfang enthält. Am einfachsten erreicht man dies, wenn man ein Tonemapping-Bild mit einem kompakten Histogramm erzeugt.
Das Resultat ist ein flaues Bild, dessen Tonwerte sich im Bereich der Mitteltöne sammeln.

Zuerst verringerte ich den Weißpunktwert auf 0 und erhöhte zum Ausgleich die Gammaeinstellung auf den Wert 0,5. Anschließend verschob ich den Stärkeregler auf den Wert 100. Wie Sie sehen, ist der Tonwertumfang des Bildes nun komprimierter (oben).

Zweite Tonemapping-Anpassungen

Helligkeit:	10
Farbsättigung:	28
Gamma:	0,70

Letzte Tonemapping-Anpassungen

Glätten:	Mittel
Mikrokontrast:	6
Mikrokontrast glätten:	15

Um sicherzustellen, dass der Tonwertumfang so komprimiert wie möglich ist, setzte ich den Helligkeitsregler auf den Wert +10. Neben der stärkeren Tonwertkomprimierung wird dadurch auch das gesamte Bild heller und die Farbsättigung intensiver. Um diese Effekte auszugleichen, stellte ich den Gammaregler auf den Wert 0,70 und verringerte die Farbsättigung auf den Wert 28. Das Tonemapping-Bild wirkt nun ziemlich blass und nicht sehr ansprechend.

Als Nächstes senkte ich den Wert für *Glätten* auf einen knapp unter dem Standardwert liegenden Mittelwert ab und erhöhte den *Mikrokontrast* auf +10. Dadurch wurden die Details herausgearbeitet, um die Rohre der Fabrik werden jetzt jedoch einige unerwünschte Effekte sichtbar. Statt diese umständlich mit Photoshop zu entfernen, reduzierte ich den Mikrokontrast auf den Wert +6 und stellte den Regler *Mikrokontrast glätten* auf den Wert 15. Damit verzichtete ich auf einige Details und erhielt eine Datei, die sich nach dem Tonemapping leichter bearbeiten ließ.

Nachbearbeitung

Das Tonemapping in diesem Beispiel war etwas komplizierter, da ich nicht intuitiv vorgehen konnte. Die Nachbearbeitung war umso einfacher. Zunächst dunkelte ich in Photoshop den Himmel über den zur Fabrik führenden Rohren ab, um die leichten Halo-Effekte zu reduzieren. Die wichtigste Anpassung war allerdings eine Gradationskurve, die eine starke „S"-Form aufwies, um den Tonwertumfang zu vergrößern. Das Bild wirkt sofort lebendiger, da der Kontrast im gesamten Motiv höher ist. Das mit den Standardeinstellungen entstandene Tonemapping-Bild wirkt vergleichsweise blass.

Einstellungen von *Details Enhancer* in Photomatix Pro

Stärke:	100
Farbsättigung:	28
Helligkeit:	10
Glätten:	Mittel
Mikrokontrast:	10
Mikrokontrast glätten:	15
Lichter glätten:	0
Schatten glätten:	0
Schatten beschneiden:	0
Gamma:	0,70

FDRTools

$-3^{1}/_{3}$ LW

$-1^{2}/_{3}$ LW

Gemessene Belichtung

$+1^{2}/_{3}$ LW

$+3^{1}/_{3}$ LW

+5 LW

Mit Photoshop generiert

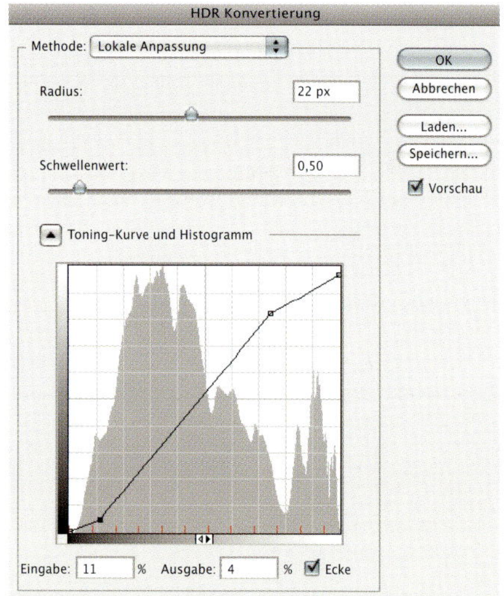

Anwendung von ***Lokale Anpassung*** **in Photoshop**

Gegen Ende des letzten Kapitels habe ich darauf hingewiesen, dass FDRTools sich besonders für die Erzeugung fotorealistischer Bilder eignet. Die Bildwirkung hängt stark vom für das Tonemapping der HDR-Datei verwendeten Programm und den vorgenommenen Einstellungen ab. Doch auch der Charakter der Originalszene hat großen Einfluss darauf, ob das entstehende Foto realistisch oder surreal wirkt. Besonders bei Szenen mit hohem Lichtwertumfang oder sehr hellen oder dunklen Bereichen kann ein HDR-Bild ungewollt unwirklich oder hyperrealistisch wirken, obwohl Sie ein realistisches Foto erzeugen wollten. Anders ausgedrückt besteht manchmal eine so starke Diskrepanz zwischen unseren Vorstellungen und dem Resultat, dass ganz automatisch ein unwirklicher Bildeindruck entsteht.

Ich betone dies aus zwei Gründen. Wenn Sie ein besseres Verständnis für die verschiedenen Prozesse bei der Entstehung eines HDR-Bildes und den Zusammenhang zwischen Lichtwertumfang der Originalszene und Tonwertumfang des Tonemapping-Bildes entwickeln, werden Sie sehr viel bessere Ergebnisse erzielen. Zweitens eignet sich FDRTools in den meisten Fällen zwar tatsächlich besser für die Erzeugung fotorealistischer Bilder, mit einer entsprechenden Belichtungsreihe sind aber auch hyperrealistische oder surreale Resultate möglich. Manchmal gelingen diese sogar besser als mit Photomatix Pro oder Photoshop.

Sehen wir uns dazu eine Belichtungsreihe an, die ich unter einem Pier aufgenommen habe. Wie Sie anhand der Bilder und Histogramme erkennen können, war der Lichtwertumfang so groß, dass eine Belichtungsreihe mit sechs Einzelbelichtungen von $-3^{1}/_{3}$ LW bis +5 LW nötig war, den gesamten Kontrastumfang aufzuzeichnen. Bevor wir uns damit beschäftigen, wie FDRTools diese Bilder verarbeitet, gehe ich kurz auf die Resultate mit Photoshop und Photomatix Pro ein.

Photoshop

Wie Sie oben sehen können, wirkt die mit *Lokale Anpassung* von Photoshop entstandene Fotografie nicht besonders eindrucksvoll. Das Bild ist langweilig, und obwohl alle Tonwerte der dunkelsten Bereiche der Originalszene eingefangen werden konnten, wirkt die Unterseite des Piers sehr dunkel.

Photomatix Pro

Das unten abgebildete Foto zeigt, dass Tonemapping mit *Details Enhancer* von Photomatix Pro zu einem ganz anderen Resultat als mit Photoshop führt. Die Unterseite des Piers wirkt nun sehr viel interessanter, sie ist heller und enthält mehr Details. Das gesamte Bild wirkt aber sehr ungewohnt und reliefartig.

Diese Bildwirkung entsteht, da *Details Enhancer* Informationen aus mehreren Bildern der Belichtungsreihe entnimmt, um den lokalen Kontrast der verschiedenen Bildbereiche zu maximieren. Dadurch ergeben sich Probleme bei der Abgrenzung der Details im Vorder- und Hintergrund des Bildes. Im Bereich um die Pfosten des Piers sieht man stark ausgeprägte Halo-Effekte, die Ausleuchtung des Bildes wirkt unregelmäßig.

Für die Einstellungen des ersten Bildes (unten links) wurde ein hoher Wert für *Helligkeit* und ein mittlerer für *Glätten* gewählt. Diese Anpassungen verstärken den Tonemapping-Effekt und dadurch auch die angesprochenen Probleme.

Es reicht oft nicht aus *Helligkeit* zu reduzieren und *Glätten* zu erhöhen. Passt man die Einstellungen dergestalt an (unten rechts), wirkt das Bild immer noch relativ ungleichmäßig. Am deutlichsten wird dies in den Details der Struktur des Piers im Mittelpunkt des Bildes. Die so entstandene Version ist kaum besser als das mit Photoshop erzeugte Tonemapping-Bild. Solche durch extreme Tonemapping-Einstellungen hervorgerufene Bearbeitungsartefakte lassen sich nur verhindern, indem man die Anpassungen wieder reduziert. Es entsteht ein langweiliges, uninteressantes Bild.

Es scheint, dass weder Photoshop noch Photomatix Pro in der Lage sind, mit dieser Belichtungsreihe gute Resultate zu erzielen, jedenfalls nicht ohne umfangreiche Nachbearbeitung oder starke Veränderung des Bildcharakters.

Kann mit FDRTools ein besseres Ergebnis erzielt werden?

Alle Tonemapping-Anpassungen

- Stärke: 90
- Farbsättigung: 33
- Helligkeit: 10
- Glätten: Mittel
- Mikrokontrast: 10
- Weißpunkt: 0,002
- Schwarzpunkt: 1,692
- Gamma: 0,67
- Mikrokontrast glätten: 1
- Lichter glätten: 0
- Schatten glätten: 0
- Schatten beschneiden: 0

Alle Tonemapping-Anpassungen

- Stärke: 90
- Farbsättigung: 33
- Helligkeit: 0
- Glätten: Max
- Mikrokontrast: 9
- Weißpunkt: 0,002
- Schwarzpunkt: 1,692
- Gamma: 0,58
- Mikrokontrast glätten: 1
- Lichter glätten: 0
- Schatten glätten: 0
- Schatten beschneiden: 0

Mit der FDRTools-Methode *Separation* generiertes HDR-Bild

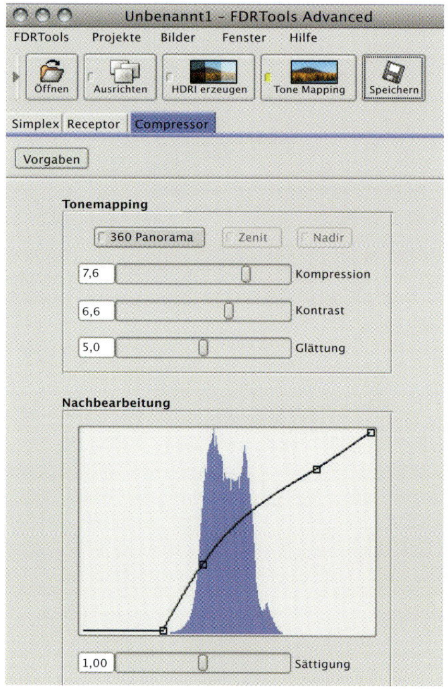

Endgültige *Compressor*-Einstellungen

FDRTools

Glücklicherweise generiert FDRTools ein sehr viel ansprechenderes Ausgangsbild. Es wirkt zwar nicht so surreal (oder dramatisch) wie einige der zuvor in diesem Kapitel erzeugten Bilder, stellt aber eine deutliche Verbesserung gegenüber den mit Photoshop und Photomatix Pro erreichten Resultaten dar. Das Licht in den feinen Details des Piers ist zwar immer noch etwas ungleichmäßig verteilt, der Gesamteindruck des Bildes ist aber sehr viel interessanter. Insbesondere die Detailfülle und die Helligkeit der Unterseite des Piers fallen positiv auf.

Die für dieses Bild verwendeten Tonemapping-Einstellungen waren relativ moderat (*Kompression* 7,6 und *Kontrast* 6,6). Die Verbesserung gegenüber den Versionen von Photoshop und Photomatix liegt hauptsächlich an der Methode, mit der FDRTools die Belichtungsreihe kombiniert. Anders als die anderen Programme bietet FDRTools verschiedene Möglichkeiten, die Bilder zusammenzufügen. Eine dieser Methoden, *Separation*, bezieht sich bei der Verteilung der Pixel des HDR-Bildes auf ein einziges Ausgangsbild, statt die Werte der gesamten Bildsequenz zu mitteln.

Der Bereich des Himmels besteht also eigentlich nur aus einer einzigen Belichtung und auch die Pfosten des Piers basieren auf einem Einzelfoto. Nachbearbeitungsartefakte, wie sie bei Photomatix Pro entstanden, werden durch diese Methode der Bildkombination fast vollständig vermieden. Das Ergebnis ist ein viel ansprechenderes Tonemapping-Bild, das kaum nachbearbeitet werden muss.

Wenn Sie vorwiegend surreale oder hyperrealistische HDR-Bilder erzeugen wollen, führt Photomatix Pro bei den meisten Belichtungsreihen zu den besten Ergebnissen. Manche Bildsequenzen eignen sich jedoch nicht für die Bearbeitung mit diesem Programm, dann ist FDRTools die bessere Alternative.

Micron

◀
„Mechaniker-Biotop"
© Ben Willmore

▶
„Himmlische Reflexionen"
© John Maslowski

◄
„Blick auf Hongkong in einer Sommernacht vom Victoria Peak“
© Trey Ratcliff

►
„Bumby Arcade“
© Brooks Potteiger

▼◄
„Minton Floor in St. Georges Hall“
© Pete Carr

BUMBY ARCADE
CHEYENNE
POKER
PARLOR
NOW OPEN
CHEYENNE
POKER
PARLOR
NOW OPEN

▲
„Treppe auf
Fisher Island"
© Michael Steighner

◄
„Dubai vom Dach"
© Catalin Marin

◄
„Nacht auf der Promenade"
© John Maslowski

►
„Private Einweihungsfeier im *Süd-Florida*-Stil"
© Michael Steighner

▼◄
„City Windy"
© Brooks Potteiger

◄
„Zum Schluss“
© David Nightingale

►
„Shanghai hautnah“
© Michael Steighner

It's Show
in
Fleetwood Pier's
RY FRIDAY &
01253 8 8685
til 2
Hosted
JP
Dine - 'Eat as Much as You
Dance - with 'The Magic Sh
Cabaret - Guest Cabar
ONLY £10 per
(booked & paid in a
It's the perfect fun

„It's showtime!"
© David Nightingale

Kapitel 6

HDR-Nachbearbeitung

Bildrauschen entfernen

-3 LW

-2 LW

-1 LW

Gemessene Belichtung

+1 LW

+2 LW

+3 LW

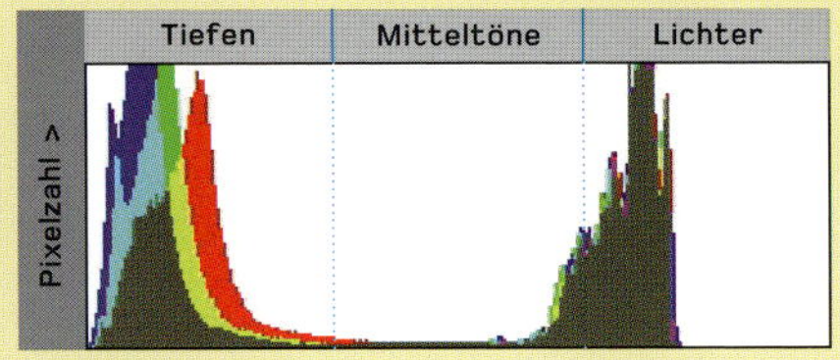

Das -1-LW-Histogramm zeigt keine beschnittenen Lichter

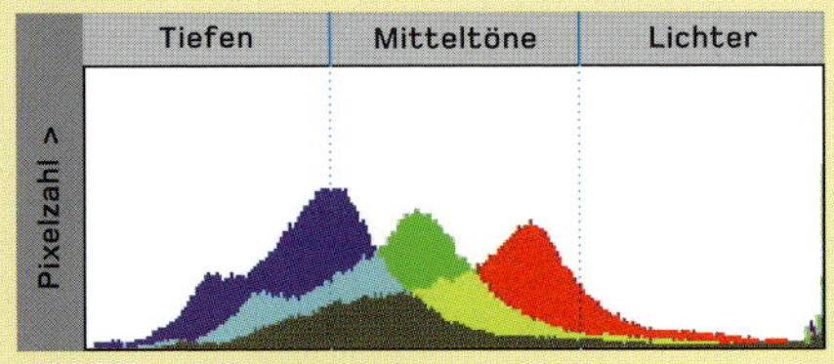

Das +1-LW-Histogramm zeigt keine beschnittenen Schatten

Als die ersten HDR-Bilder im Internet auftauchten, wurde sehr oft das starke Bildrauschen insbesondere in den dunkleren Bildbereichen kritisiert. Zum damaligen Zeitpunkt war die HDR-Technik noch neu und aufregend, so dass oft darüber hinweggesehen wurde. Mittlerweile sind die Betrachter jedoch kritischer. Ausgeprägtes Bildrauschen in einer zusammengesetzten HDR-Fotografie kann vermieden werden, wenn Sie bei der Aufnahme der Belichtungsreihe darauf achten, den gesamten Tonwertumfang aufzuzeichnen.

Die Bildsequenz links wurde an einem bewölkten Tag mit dem Intervall 1 LW aufgenommen. Die Histogramme der bei -1 LW und +1 LW aufgenommenen Bilder zeigen, dass auch eine Belichtungsreihe aus drei Belichtungen ausgereicht hätte, den gesamten Kontrastumfang einzufangen und beschnittene Tiefen und Lichter zu vermeiden. Es sollte also möglich sein, das HDR-Bild aus nur drei Bildern zusammenzusetzen, statt alle sieben Einzelbelichtungen zu kombinieren.

Bei genauerer Betrachtung erweist sich dies jedoch als falsch. Um das zu verdeutlichen, generierte ich mit Photomatix Pro drei HDR-Bilder.
Die erste Aufnahme besteht aus drei Belichtungen (-1 LW, gemessene Belichtung und +1 LW), die zweite aus fünf Belichtungen (-2 LW bis +2 LW) und die dritte aus allen sieben Belichtungen (-3 LW bis +3 LW). Jedes der drei HDR-Bilder wurde anschließend mit den gleichen Einstellungen mit Photomatix Pro in ein Tonemapping-Bild konvertiert. Vergrößert man diese Bilder, sieht man das meiste Bildrauschen in der aus drei Belichtungen zusammengesetzten Datei. Bei dem aus fünf Aufnahmen bestehenden Bild ist der Effekt schwächer, das beste Resultat liefert aber die Version aus sieben Einzelbelichtungen. Die hellste Aufnahme dieser Sequenz, +3 LW, enthält deutlich mehr Informationen in den Schatten.

Aus drei Belichtungen generiert

Aus fünf Belichtungen generiert

Aus sieben Belichtungen generiert

Weichzeichner-Dialog

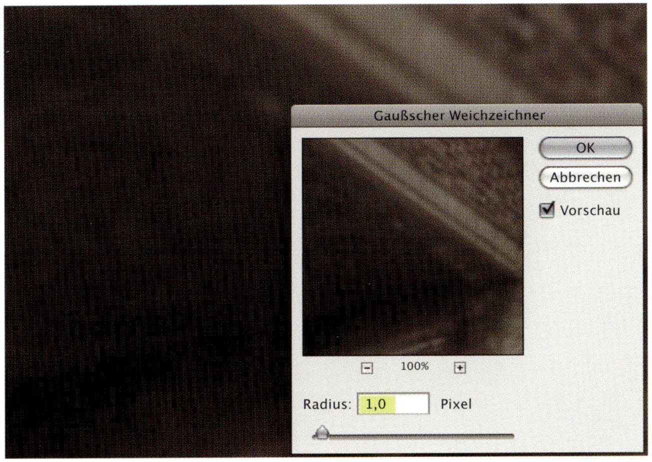

Ungewollte Weichzeichnereffekte

Aber selbst in der aus sieben Aufnahmen generierten Fotografie ist noch Bildrauschen vorhanden. Nun haben Sie vier Möglichkeiten. Ist das Bildrauschen sehr schwach und nur in wenigen Bildstellen zu sehen, können Sie darüber hinwegsehen, da es fast niemandem auffallen wird. Ist nur in den dunkelsten Bereichen Bildrauschen vorhanden, können Sie eine Gradationskurve anwenden, um die Tiefen leicht zu beschneiden. Die entsprechenden Bereiche werden nun tiefschwarz und ohne Bildrauschen dargestellt.
Eine weitere Möglichkeit besteht darin, das Bildrauschen mit einem Weichzeichnungsfilter in Photoshop zu kaschieren. Schließlich kann man auch ein Photoshop-Plug-in zur Rauschreduzierung einsetzen. Auf die letzten beiden Möglichkeiten möchte ich näher eingehen.

Weichzeichnen mit Photoshop

Das Weichzeichnen von Bereichen mit viel Bildrauschen ist recht einfach. Zunächst duplizieren Sie die Bildebene, indem Sie entweder mit der rechten Maustaste auf den Hintergrund der Ebenenpalette klicken (und *Ebene duplizieren* auswählen) oder im Menü *Ebene > Ebene duplizieren* auswählen. Vergrößern Sie dann die Vorschau auf 100 % (*Ansicht > Tatsächliche Pixel*), um das Bildrauschen beurteilen zu können.

Nun können Sie einen Weichzeichner anwenden. Photoshop verfügt über verschiedene Weichzeichnungsfilter, ich empfehle den Gaußschen Weichzeichner (*Filter > Weichzeichnungsfilter > Gaußscher Weichzeichner*). Im Dialog dieses Filters können Sie nur den Radius einstellen. Für die meisten hochauflösenden Bilder reicht ein Wert von etwa 1 Pixel aus, um den Großteil des Bildrauschens auszugleichen. Ist nur sehr wenig Rauschen zu sehen, können Sie den Wert verringern. Bei ausgeprägtem Bildrauschen erhöhen Sie den Wert in 1/10-Schritten. Während Sie die Anpassungen vornehmen, können Sie die Auswirkungen im kleinen Vorschaufenster des Dialogs beurteilen. Ist das Kästchen *Vorschau* aktiviert, sehen Sie den Effekt auf das ganze Bild.

Sobald Sie einen Wert gefunden haben, der das Bildrauschen ausreichend reduziert, klicken Sie auf *OK*, um den Filter anzuwenden. Der Weichzeichner wird über das gesamte Bild gelegt und betrifft auch die Bildbereiche, die scharf bleiben sollten wie die Fenster und das Mauerwerk. Diese unerwünschte Wirkung kann leicht behoben werden. Entweder löschen Sie einfach die betreffenden Bereiche mit dem Radiergummi-Werkzeug oder fügen eine Ebenenmaske hinzu, in der Sie die Bereiche übermalen, in denen das unbearbeitete, scharfe Bild durchscheinen soll.

Bei Verwendung des Radiergummis verringert sich die Größe der Bilddatei, da Sie Bildinformationen aus der weichgezeichneten Ebene entfernen. Mit einer Einstellungsmaske können Sie die Veränderungen immer wieder anpassen und so die Bereiche genauer festlegen, auf die der Weichzeichner angewendet werden soll.

Plug-ins zur Rauschreduzierung

Statt das Bildrauschen mit den Weichzeichnungsfiltern von Photoshop per Hand zu entfernen, können auch verschiedene Plug-ins mit automatischer und halbautomatischer Rauschreduzierung eingesetzt werden. Am häufigsten verwende ich *Noise Ninja* und *Noiseware Professional*. Im Vergleich zur manuellen Weichzeichnung liefern sie bessere Ergebnisse, da sie das gesamte Bild analysieren und nur die Bildbereiche mit Bildrauschen verändern. So kommt es trotz Rauschreduzierung nicht zu Verlust von Bilddetails.

Beide Programme bieten sehr viel Anpassungsmöglichkeiten, um den für jedes Bild optimalen Grad der Rauschreduzierung einzustellen. Mit *Noise Ninja* können Sie unter anderem die Stärke und Wirkung des Weichzeichnungsfilters sowie den Kontrast und die Schärfe des entstehenden Bildes anpassen. Mit dem Werkzeug *Noise Brush* kann die Rauschreduzierung auf bestimmte Bildbereiche beschränkt werden.

Noiseware Professional bietet eine Reihe Voreinstellungen für bestimmte Fotografiestile, zum Beispiel für Landschaftsbilder oder Nachtaufnahmen. Auch hier können Sie den Grad der Rauschreduzierung auf die verschiedenen Tonwertbereiche regulieren und das Bildrauschen in den Schatten entfernen, ohne dabei die Mitteltöne oder die Lichter zu beeinflussen.

Einstellungen von *Details Enhancer* in Photomatix Pro

Stärke: 100
Farbsättigung: 21
Helligkeit: 10
Glätten: Mittel
Mikrokontrast: 10
Weißpunkt: 0,000
Schwarzpunkt: 0,000
Gamma: 0,77
Farbtemperatur: 0
Sättigung Lichter: –2
Sättigung Schatten: 0
Mikrokontrast glätten: 2
Lichter glätten: 0
Schatten glätten: 0
Schatten beschneiden: 0

Halos entfernen

Beim Tonemapping Ihrer HDR-Bilder werden Sie immer wieder auf Schwierigkeiten mit Halo-Effekten stoßen, insbesondere bei der Arbeit mit Photomatix Pro. Meist sieht man diese Halos um Bildelemente, die sich von einem sehr viel helleren Hintergrund abheben. Die einfachste Lösung für dieses Problem ist zweifellos, das Auftreten von Halos durch einen höheren Glättenwert zu verhindern. Nicht bei allen Bildern ist dies möglich, ohne dabei einen langweiligen Bildeindruck zu erzeugen. Für diese beiden Tonemapping-Bilder eines stillgelegten Gleises wählte ich einmal einen sehr niedrigen Wert für *Glätten* (oben) und einmal einen sehr hohen Wert (unten).

Das mit der Einstellung *Min* entstandene Bild ist eindeutig das bessere Foto, zumindest in Bezug auf die Vordergrunddetails. Die andere Version wirkt im Gegensatz dazu langweilig und flau. Ihnen wird jedoch auffallen, dass es am Horizont und um den großen Baum auf der rechten Seite zu starken Halo-Effekten kommt. Manchmal wirken leichte Halos nicht störend, in diesem Fall war der Effekt jedoch zu stark ausgeprägt. Man muss sich entscheiden, entweder ein schwaches, flaues Bild mit einem hohen Glättenwert zu erzeugen oder die Halo-Effekte mit einem Bildbearbeitungsprogramm zu entfernen. Ich wählte die zweite Möglichkeit.

Einstellungen von *Details Enhancer* in Photomatix Pro

Stärke: 100
Farbsättigung: 28
Helligkeit: 10
Glätten: Min
Mikrokontrast: 10
Weißpunkt: 0,000
Schwarzpunkt: 0,000
Gamma: 1,13
(andere Einstellungen Standardwerte)

Einstellungen von *Details Enhancer* in Photomatix Pro

Stärke: 100
Farbsättigung: 28
Helligkeit: 10
Glätten: Hoch
Mikrokontrast: 10
Weißpunkt: 0,000
Schwarzpunkt: 0,000
Gamma: 0,65
(andere Einstellungen Standardwerte)

In Photoshop und den meisten anderen Bildbearbeitungsprogrammen benutze ich dafür das Werkzeug *Kopierstempel* und ersetze die helleren Bereiche des Himmels (die Halos) durch darüber liegende dunklere Bereiche. Nach der Auswahl von *Kopierstempel* wählen Sie den passenden Hauptdurchmesser (die Größe) und die Härte des Stempels. Klicken Sie dazu mit der rechten Maustaste auf einen Bereich innerhalb des Bildes, um den Werkzeugdialog aufzurufen. Wählen Sie eine Größe aus, die dem zu korrigierenden Bildbereich entspricht. Mit dem Härtegrad 0 % stellen Sie sicher, dass alle Veränderungen sanft in den Rest des Bildes übergehen.

Als Nächstes wählen Sie einen Bereich des Himmels als „Kopierquelle" aus, der den helleren Halo-Bereich ersetzen soll. Halten Sie die Wahltaste gedrückt (der Cursor verwandelt sich in ein Fadenkreuz) und klicken Sie auf den gewünschten Bereich.

Nachdem Sie die Kopierquelle festgelegt haben, bewegen Sie den Cursor über den Bildausschnitt, der verändert werden soll, und klicken Sie erneut. Dadurch wird der entsprechende Bereich mit den Bildinformationen der Kopierquelle übermalt.

Um die Halos nur abzudunkeln und nicht durch einen anderen Bildbereich zu ersetzen, müssen Sie noch einen weiteren Schritt durchführen.

Werkzeug *Kopierstempel*

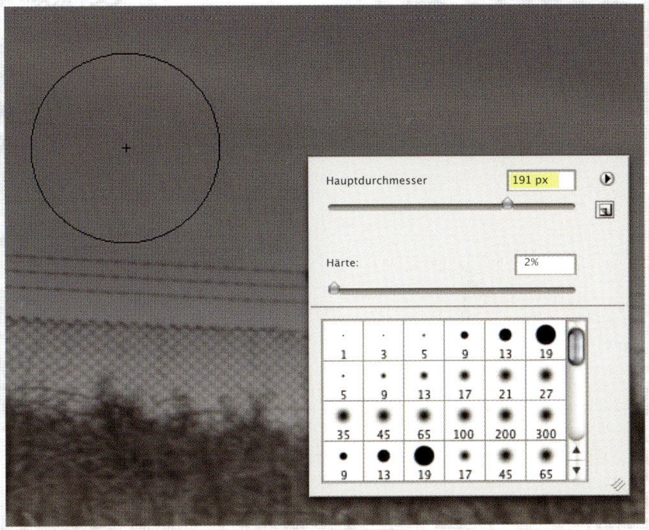

Größe und Härte des Kopierstempels anpassen

Kopierquelle auswählen

Klonen

Ändern Sie den Modus des Kopierstempels im Drop-down-Menü der Werkzeugleiste von der Einstellung *Normal* auf *Abdunkeln*. Nun vergleicht Photoshop bei jedem Klick die Helligkeit des Zielbereichs mit der Kopierquelle. Es werden nur die Bildbereiche verändert, die heller als der ausgewählte Bereich sind. Dunklere Bildbereiche, wie in unserem Beispiel das Laub und der Zaun, werden im Originalzustand belassen.

Wenn Sie nicht aus Versehen Details weggestempelt haben, die erhalten bleiben sollten, ist das Ergebnis ein Bild ohne Halo-Effekte. Der Vorteil dieser Technik besteht darin, dass sie zu dramatisch wirkenden Tonemapping-Bildern führt. Statt unerwünschte Nebeneffekte um jeden Preis zu vermeiden, können diese in der Nachbearbeitung korrigiert werden. So müssen Sie nicht auf eine beeindruckende Bildwirkung verzichten.

Mit *Abdunkeln* kopierter Bildbereich

Einstellungen von *Details Enhancer* in Photomatix Pro

Stärke: 100
Farbsättigung: 28
Helligkeit: 10
Glätten: Min
Mikrokontrast: 10
Weißpunkt: 0,000
Schwarzpunkt: 0,000
Gamma: 1,13
(andere Einstellungen Standardwerte)

Kontrastverbesserung mit Gradationskurven

Wenn Sie surreale Ergebnisse anstreben, werden Ihre Tonemapping-Bilder unweigerlich zunächst flau wirken und trübe Schatten sowie blasse Lichter aufweisen. Wenn Sie sich das unten abgebildete Beispiel ansehen, verstehen Sie, was ich meine. Das Tonemapping-Bild wirkt im Vergleich zum Endergebnis langweilig. Der Unterschied zwischen den beiden Aufnahmen entstand durch Anwendung des Photoshop-Werkzeugs *Gradationskurven*. Ein einziger Bearbeitungsschritt kann ein Bild dramatisch verändern.

Mit dem Werkzeug *Gradationskurven* können Sie auf einfache Weise den Tonwertumfang eines Bildes anpassen. Sie haben mit diesem Werkzeug auch sehr viel Kontrolle über die Tonwerte des Bildes, da Sie den Weißpunkt, den Schwarzpunkt und 15 weitere Ankerpunkte an beliebigen Stellen des Tonwertumfangs positionieren können.

Das Werkzeug *Gradationskurven* können Sie im Menü *Bild* aufrufen (*Bild > Korrekturen > Gradationskurven*) oder eine Gradationskurven-Einstellungsebene erstellen (*Ebene > Neue Einstellungsebene > Gradationskurven*).

An den beiden Enden der Gradationskurve befinden sich zwei voreingestellte Punkte in der linken unteren und der rechten oberen Ecke, die Schwarz- und Weißpunkt des Bildes markieren. Durch Verschieben dieser beiden Ankerpunkte kann man Weiß- und Schwarzpunkt des Bildes verändern und so die Schatten abdunkeln oder die hellen Bildbereiche aufhellen.

Durch Anpassung von Weiß- und Schwarzpunkt wird die als gerade Linie verlaufende Kurve steiler. Dadurch werden die Tonwerte innerhalb des Bildes gedehnt oder erweitert und der Kontrast des gesamten Bildes erhöht. Umgekehrt führt eine flachere Kurve zu einem komprimierten Tonwertumfang und zu weniger Kontrast.

Erstes Tonemapping-Bild

Tonemapping-Bild nach Anwendung der Gradationskurven

Mit dem Werkzeug *Gradationskurven* können auch die Mitteltöne des Bildes angepasst werden. Dazu müssen Sie einen Ankerpunkt setzen, indem Sie auf die gewünschte Stelle der Kurve klicken. Um die Mitteltöne zu beeinflussen, sollte dieser ungefähr auf halber Strecke zwischen Schwarzpunkt und Weißpunkt liegen. Wenn Sie diesen Ankerpunkt in Richtung der linken oberen Ecke des Dialogfensters ziehen, werden die Mitteltöne aufgehellt. Verschieben Sie den Ankerpunkt in Richtung der unteren rechten Ecke, verringert sich die Helligkeit. Je weiter Sie den Ankerpunkt in die entsprechende Richtung bewegen, desto ausgeprägter ist der jeweilige Effekt.

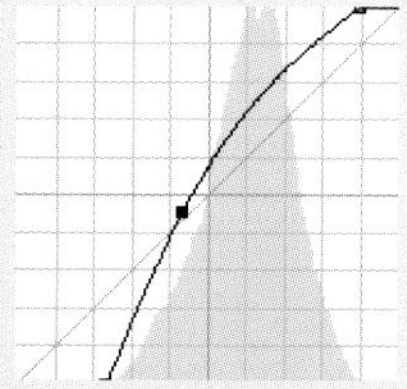

Mitteltöne aufhellen

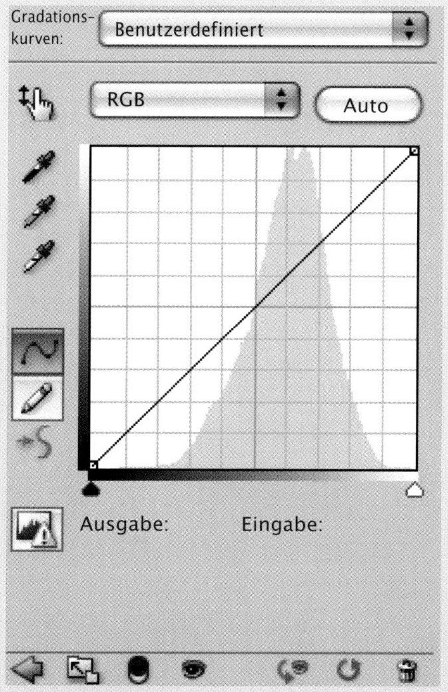

Gradationskurven

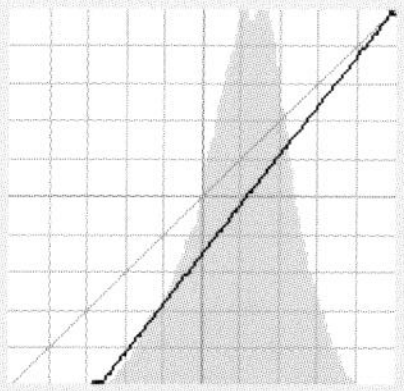

Schwarzpunkt anpassen

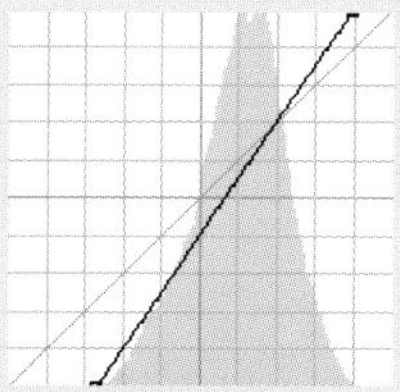

Weißpunkt anpassen

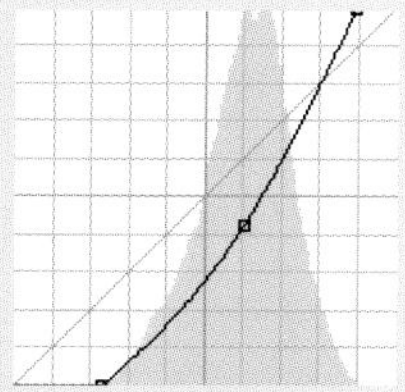

Mitteltöne abdunkeln

Einfache S-Kurve

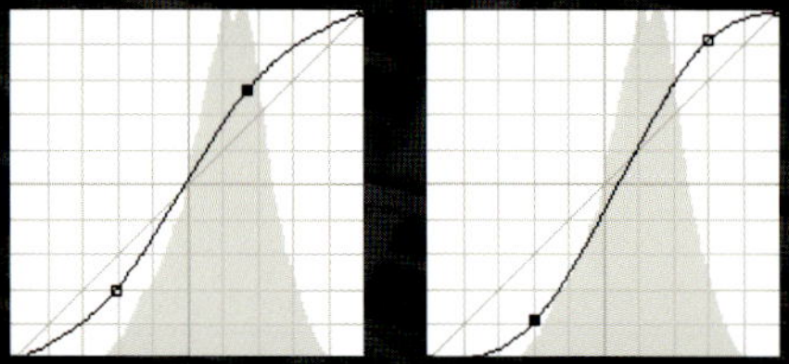

Eine der am häufigsten angewendeten Gradationskurven, die S-Kurve, erhöht den Kontrast eines Bildes, ohne die Tiefen oder Lichter zu beschneiden. Die Form des S und die Position der beiden Ankerpunkte bestimmt die Wirkung dieser Gradationskurve.

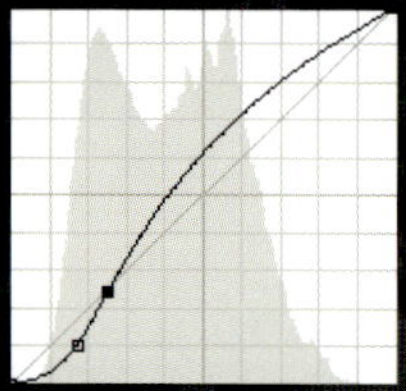

Erhöhung des Kontrasts in den Schattenbereichen

S-Kurven

Eine der wichtigsten Kurven wird normalerweise S-Kurve genannt, da sie an den abgeflachten Buchstaben „S" erinnert. Üblicherweise besitzt die S-Kurve zwei Ankerpunkte: einen höher liegenden Punkt, um die hellen Bildbereiche aufzuhellen, und einen tiefer liegenden Punkt, um die Schatten abzudunkeln. So lässt sich der Kontrast eines Bildes erhöhen, ohne dabei beschnittene Tiefen oder Lichter zu riskieren, da Weiß- und Schwarzpunkt normalerweise nicht verändert werden.

Die Anpassung der Gradationskurven

Wie bereits erwähnt, ist der Kontrast eines Bildes umso höher, je steiler die Gradationskurve verläuft. Eine S-Kurve kann jedoch nicht überall steil sein, da die Enden der Kurve mit zunehmender Nähe zu Weiß- und Schwarzpunkt immer flacher verlaufen. Sie müssen also entscheiden, welche Bereiche der Kurve steil und welche eher flach verlaufen sollen. Möchten Sie beispielsweise den Kontrast in den dunklen Bildbereichen maximieren, sollte sich die steilste Stelle der Kurve links unten befinden. Der dadurch erweiterte Tonwertumfang in den Schattenbereichen führt in diesem Fall zur Hervorhebung der Details auf der Unterseite des Piers (oben). Sie werden auch feststellen, dass der Kontrast in den helleren Bildpartien des Originalbildes nun sehr viel geringer ist. In unserem Beispiel betraf das den Himmel und die helleren Bereiche der Struktur des Piers. Zu diesem Effekt kommt es, da die Kurve oben rechts nun sehr viel flacher verläuft. Dieser Bereich

Möchten Sie den Kontrast der hellen Bildbereiche maximieren, kann die Kurve entsprechend angepasst werden. In diesem Fall befände sich die steilste Kurvenstelle rechts oben. So wird der Tonwertumfang in den hellen Bildbereichen erweitert und gleichzeitig der Kontrast in den dunklen Bildbereichen reduziert (andere Seite oben).

Durch dieses hohe Maß an Kontrolle ist das Werkzeug Gradationskurven für die Optimierung Ihrer LDR-Bilder ausgesprochen gut geeignet. Allerdings ist die Anwendung der *Gradationskurven* schwierig und ich kann Ihnen keine klaren Regeln dafür mitgeben. Kein Bild gleicht dem anderen, und jedes verlangt nach anderen Einstellungen. Eine sanft verlaufende S-Kurve ist oftmals ein guter Ausgangspunkt und mit etwas Übung werden die Anpassungen immer einfacher.

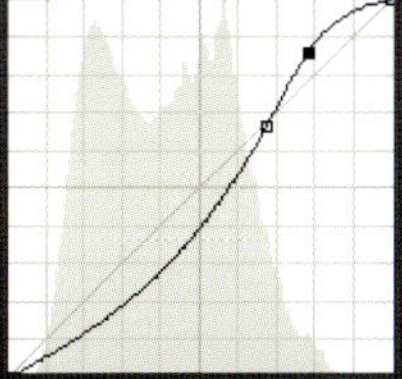

Erhöhung des Kontrasts in den hellen Bildbereichen

Vor Anwendung der Gradationskurven

Nach Anwendung der Gradationskurven

◄ Ursprüngliches Bild

▼ Vereinheitlichter Tonwertumfang

Pseudo-HDR-Bilder

Ursprüngliches Bild

Maximierter lokaler Kontrast

Bei allen bisher besprochenen Methoden wurde aus einer Belichtungsreihe eine zusammengesetzte Fotografie erzeugt. Man kann in Photomatix Pro auch eine einzige RAW-Datei mit *Details Enhancer* in ein Tonemapping-Bild verwandeln. Eine Belichtungsreihe führt jedoch fast immer zu besseren Ergebnissen. Warum also sollte man die Einzelbild-Technik anwenden?

Zunächst kann man auf diese Weise einen „HDR-Look" erzeugen, ohne eine Belichtungsreihe aufnehmen zu müssen. Jede RAW-Datei kann auf diese Weise verarbeitet werden.

Zweitens ist dies eine relativ einfache Methode, den Tonwertumfang eines Bildes zu vereinheitlichen. So können Sie beispielsweise die Helligkeit des Vordergrundes an die Helligkeit des Himmels anpassen. Da die Technik auch den lokalen Kontrast maximiert, kann sie dazu verwendet werden, jedes kleinste Detail eines Bildes herauszuarbeiten. Dabei sind weder komplizierte Ebenenmasken noch selektive Anpassungen nötig.

Schließlich ist es manchmal einfach nicht möglich, eine Belichtungsreihe aufzunehmen. Dies ist zum Beispiel der Fall, wenn sich das Motiv bewegt. Die genannten Gründe schließen sich nicht gegenseitig aus. Sie können gleichzeitig einen HDR-Look erzeugen, den Tonwertumfang anpassen und die Details maximieren. Aber es gibt verschiedene Methoden, ein rauschfreies Bild zu erzeugen, das wenig Bearbeitungsartefakte enthält.

Belichtung optimieren

Die Aufzeichnung des gesamten Kontrastumfangs der Originalszene ist der wichtigste Faktor bei der Generierung einer HDR-Fotografie aus mehreren Einzelbelichtungen. Das Gleiche gilt, wenn eine HDR-Datei aus einem Einzelbild generiert wird. Da in diesem Fall nur eine einzige Belichtung zur Verfügung steht, sollte idealerweise der Kontrastumfang der Szene geringer als der Kontrastumfang sein, den die Kamera aufzeichnen kann. Beschnittene Tiefen und Lichter ziehen sich sonst durch den gesamten Bearbeitungsprozess.

Tonemapping einer RAW-Datei
mit Photomatix Pro

RAW-Datei mit Adobe Camera Raw
in ein 16-Bit-TIFF-Bild konvertiert,
Tonemapping mit Photomatix Pro

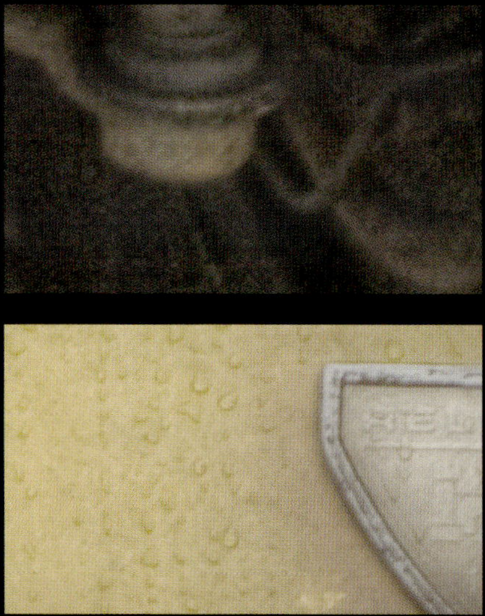

RAW-Datei mit erhöhter Rauschreduzierung
in ein 16-Bit-TIFF-Bild konvertiert

Vorbereitung

Bei der Aufzeichnung einer Belichtungsreihe empfehle ich, wann immer möglich das RAW-Format zu verwenden. Bei aus Einzelbildern generierten HDR-Aufnahmen kann es dabei allerdings zu Problemen kommen, insbesondere zu unerwünschtem Bildrauschen. Das gegenüberliegende Bild wurde zwei Mal mit einem Tonemapping-Verfahren in Photomatix Pro verarbeitet. Zunächst ausgehend von der ursprünglichen RAW-Datei, dann von einem 16-Bit-TIFF-Bild, das mit den Standardeinstellungen von Adobe Camera Raw erstellt wurde. Die Tonemapping-Einstellungen der beiden Versionen sind identisch.

Wenn Sie sich die Details dieser beiden Tonemapping-Bilder ansehen (unten links und unten Mitte), stellen Sie fest, dass die dunklen Bildbereiche der ursprünglichen RAW-Datei sehr viel Bildrauschen enthalten. Der Bereich in der Mitte der Motorhaube ist davon allerdings nicht betroffen. In den dunklen Bildbereichen des Tonemapping-Bildes der TIFF-Datei ist erheblich weniger Bildrauschen zu erkennen.

Das liegt daran, dass der Algorithmus zur Rauschreduzierung von Camera Raw sehr viel ausgereifter ist als der von Photomatix Pro. Das Tonemapping der vorverarbeiteten RAW-Datei ergibt eine sehr viel klarere Fotografie. Ihnen ist jedoch vermutlich auch aufgefallen, dass die hellen Bildstellen des TIFF-Bildes unschärfer wirken.

Die TIFF-Datei entstand mit den Standardwerten der Rauschreduzierung in Camera Raw (*Luminanz*: 0 und *Farbe*: 25). Wenn wir die Werte für die Rauschreduzierung erhöhen (*Luminanz*: 50 und *Farbe*: 50) sieht man in den dunklen Bildstellen fast kein Bildrauschen mehr (unten rechts). Allerdings sind in den hellen Bildbereichen nun weniger Details zu erkennen.

Es gibt leider keine zuverlässige Methode, die Werte der Rauschreduzierung zu ermitteln, die Bildrauschen in den Schattenpartien des Tonemapping-Bildes vollständig verhindern. Das Bildrauschen verstärkt sich mit den Tonemapping-Werten, die Sie einstellen. Am meisten betroffen sind die dunklen Bildbereiche, die aufgrund ihrer Dunkelheit besonders schwer zu analysieren sind. Ich empfehle deshalb, die Standardeinstellungen der Rauschreduzierung zu verwenden und bei Bedarf eine zweite Version mit höheren Werten zu generieren. Ist immer noch Restrauschen vorhanden, können Sie es mithilfe eines Plug-ins zur Rauschreduzierung wie *Noise Ninja* entfernen.

Pseudo-HDR-Bild generieren

Wenn Sie die RAW-Datei in ein 16-Bit-TIFF-Bild konvertiert haben, kann das Pseudo-HDR-Bild erzeugt werden. Öffnen Sie die TIFF-Datei mit Photomatix Pro (*Datei > Öffnen*) und wählen Sie im Menü *Ausführen* den Menüpunkt *Tone Mapping*. Der im vorherigen Kapitel beschriebene Tonemapping-Dialog wird geöffnet.

Das Tonemapping einer einzigen Datei läuft genauso ab wie in Kapitel 5 beschrieben. Wegen des geringeren Informationsgehalts eines Pseudo-HDR-Bildes gegenüber einer aus einer Belichtungsreihe entstandenen HDR-Datei sollten Sie jedoch etwas vorsichtiger bei der Bearbeitung sein. Ein dramatischer Bildeindruck ist unter Umständen nicht ohne deutlich sichtbare Bearbeitungsartefakte zu erreichen.

Durch Umwandlung einer RAW-Datei in ein Schwarz-Weiß-Bild und anschließendes Tonemapping können beeindruckende Ergebnisse entstehen.

Kontrastarme Motive verbessern

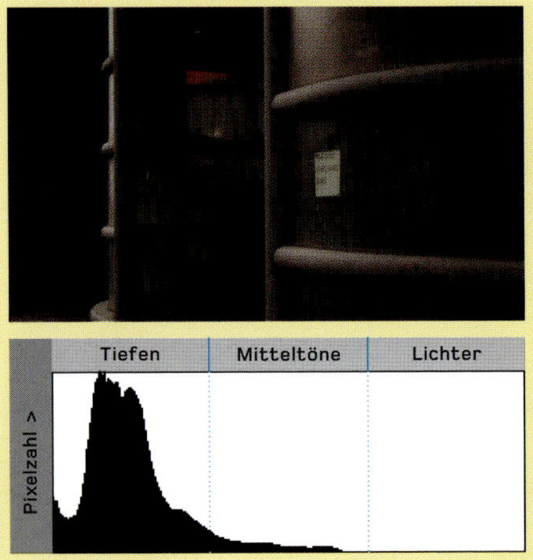

–2 LW

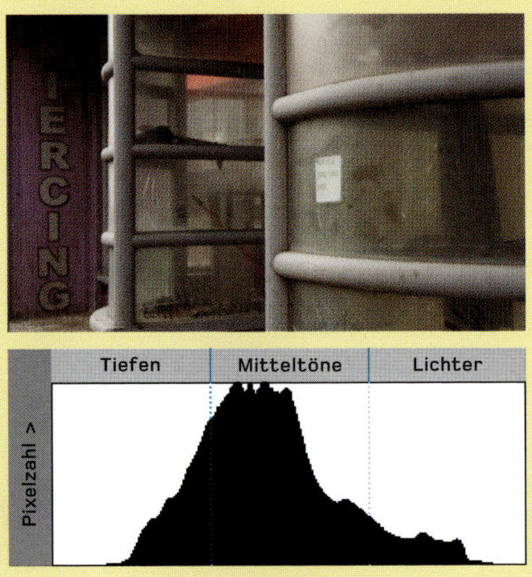

Gemessene Belichtung

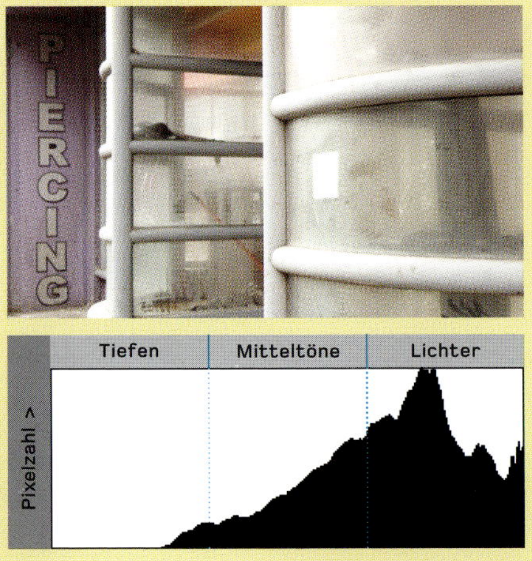

+2 LW

Normalerweise werden HDR-Techniken eingesetzt, um das Bild einer Originalszene zu generieren, deren Lichtwertumfang den des Kamerasensors übersteigt. Man kann mit ihnen jedoch auch Motive verbessern, deren geringer Lichtwertumfang mit einer Einzelaufnahme eingefangen werden könnte.

Die Histogramme der drei Einzelbelichtungen eines ausgedienten Piercingstudios zeigen, dass die gemessene Belichtung den gesamten Lichtwertumfang der Originalszene einfangen konnte. Nur durch Erhöhung des Kontrasts der gemessenen Belichtung entstand ein akzeptables Bild (rechts), das sich in der Bildwirkung aber stark von der Tonemapping-Version aus drei Aufnahmen unterscheidet (nächste Seite).

Mit Gradationskurven optimierte gemessene Belichtung

Der obere Teil des Schildes links im Bild wirkt in der auf der gemessenen Belichtung basierenden Fotografie sehr dunkel. Der Text auf dem kleinen Papierzettel im Fenster ist in der Tonemapping-Version sehr viel besser lesbar. Das Tonemapping-Bild enthält auch sehr viel mehr Details. Besonders fällt dies in den hellen Bereichen des Fensters auf, in denen Sie jeden Kratzer und jede Verschmutzung sehen können. Insgesamt weist das Tonemapping-Bild eine gleichmäßigere Tonwertverteilung auf als die gemessene Belichtung.

Eine kontrastarme Szene aufzunehmen ist einfacher als die Fotografie eines Motivs mit hohem Lichtwertumfang. Eine Belichtungsreihe mit drei Bildern fängt den gesamten Lichtwertumfang der Originalszene ein. Ich empfehle lediglich, das Histogramm der gemessenen Belichtung zu überprüfen, um sicherzustellen, dass die Tonwerte sich nicht zu sehr in den Schatten oder Lichtern konzentrieren. Fotografieren Sie anschließend eine Belichtungsreihe aus drei Aufnahmen mit einem Intervall von 2 LW. Wenn Sie das HDR-Bild generiert haben, können Sie mit dem Tonemapping beginnen.

Sie können, wie in den bisherigen Abschnitten beschrieben, die verschiedenen Regler und Einstellungsmöglichkeiten anpassen, bis Sie mit dem Ergebnis zufrieden sind. Praktisch besteht Ihr Ziel darin, den Tonwertumfang der verschiedenen Bildbereiche der Originalszene einander anzugleichen. Da jedes Bild anders ist, werden Sie für das optimale Resultat mit verschiedenen Einstellungen experimentieren müssen.

Tonemapping-Bild

FDRTools und Photoshop

Für die Generierung der HDR-Bilder und das Tonemapping in diesem Abschnitt verwendete ich Photomatix Pro. Sie können ebenso mit FDRTools oder Photoshop arbeiten, wobei die Wirkung der Tonemapping-Optionen von Photoshop sehr viel geringer ist. Zwar kann auf die übliche Weise ein HDR-Bild generiert werden, die vier möglichen Tonemapping-Varianten von Photoshop erzeugen jedoch Bilder, die der gemessenen Belichtung sehr ähnlich sind. Der globale Kontrast einer Szene mit großem Lichtwertumfang kann mit Photoshop gut komprimiert werden, das Bild enthält aber kaum lokalen Kontrast. Im Gegensatz zu den beiden anderen Programmen kann Photoshop den Tonwertumfang verschiedener Bildbereiche nicht ausgleichen.

−3 LW

−2 LW

−1 LW

Gemessene Belichtung

+1 LW

+2 LW

+3 LW

„Gemäßigtes" Tonemapping

Einstellungen von *Details Enhancer* in Photomatix Pro

Stärke: 71
Farbsättigung: 17
Helligkeit: 3
Glätten: Hoch
Mikrokontrast: 10
Weißpunkt: 0,000
Schwarzpunkt: 0,015
Gamma: 0,58
Mikrokontrast glätten: 12
(andere Einstellungen Standardwerte)

Abgesehen vom Tonemapping eines Einzelbildes haben wir bis jetzt immer den gleichen Arbeitsablauf durchgeführt:

- Eine Belichtungsreihe der Originalszene fotografieren
- Aus den Einzelbildern ein 32-Bit-HDR-Bild generieren
- Die HDR-Datei in eine 8-Bit- oder 16-Bit-LDR-Datei konvertieren
- Das Bild mit einem Bildbearbeitungsprogramm bearbeiten

Die meisten Bildsequenzen lassen sich mit diesen vier Arbeitsschritten gut verarbeiten. Manchmal ist die Tonemapping-Phase jedoch nicht ganz einfach und es erweist sich als schwierig, die richtigen Einstellungen zu ermitteln.

Wie Sie der ursprünglichen Belichtungsreihe entnehmen können, hätte man diese Bildszene kaum mit einem einzelnen Foto einfangen können. In der gemessenen Belichtung ist der Himmel deutlich überbelichtet, das kleine Gebäude erscheint sehr dunkel. Dieses Motiv eignet sich ganz eindeutig für die HDR-Fotografie, aber welche Tonemapping-Einstellungen sollten verwendet werden? Wenn Sie sich die Beispiele unten und auf der anderen Seite ansehen, wird Ihnen auffallen, dass eine der beiden Versionen sehr viel extremer wirkt. Ein Blick auf die Tonemapping-Einstellungen verrät die Ursache.

„Extremes" Tonemapping

Einstellungen von *Details Enhancer* in Photomatix Pro

Stärke: 100
Farbsättigung: 17
Helligkeit: 10
Glätten: Mittel
Mikrokontrast: 10
Weißpunkt: 0,000
Schwarzpunkt: 0,015
Gamma: 0,58
Mikrokontrast glätten: 2
(andere Einstellungen Standardwerte)

Beide Bilder sind relativ kontrastarm, dies kann aber durch eine starke S-Kurve korrigiert werden. Die Fotografien werden deutlich verbessert (unten), der Himmel des Bildes mit den extremen Einstellungen wirkt sogar noch dramatischer.

Vielleicht gefällt Ihnen bereits eine Variante besser, dann könnten Sie einfach ein Tonemapping-Bild mit den entsprechenden Einstellungen erzeugen. Möglicherweise finden Sie aber auch, dass jede Version gegenüber der anderen bestimmte Vorteile hat. Dann wird es etwas komplizierter. Mir gefallen beispielsweise einige Elemente der extremen Version – die Details des Piers, die Ausleuchtung des kleinen Gebäudes und die Frau davor. Der Himmel ist mir etwas zu dramatisch und lenkt die Aufmerksamkeit des Betrachters vom Vordergrund ab.

Ausgehend von den bisherigen Überlegungen haben wir nun drei Möglichkeiten. Wir können uns für die extreme Version entscheiden und hinnehmen, dass die Darstellung des Himmels uns nicht wirklich überzeugt. Wir können gemäßigtere Einstellungen wählen und dafür auf Details im Bildvordergrund verzichten. Oder wir wählen Tonemapping-Einstellungen, die einen Kompromiss zwischen den beiden Versionen darstellen. Wenn uns aber keines der beiden Bilder wirklich überzeugt und wir auch keine Kompromisse eingehen wollen, gibt es eine vierte Möglichkeit, mit der wir die besten Aspekte beider Fotografien erhalten: Wir fügen die beiden Tonemapping-Bilder zusammen und suchen die jeweils besten Bereiche aus.

Zunächst generieren wir beide Tonemapping-Versionen und speichern sie als 16-Bit- oder 8-Bit-TIFF-Datei.

Dann öffnen wir beide Dateien in Photoshop. Wählen Sie die extreme Version aus (*Auswählen > Alles auswählen*), kopieren Sie die Auswahl (*Bearbeiten>-Kopieren*), wechseln Sie zum gemäßigteren Bild und klicken auf *Bearbeiten > Einfügen*. Die extreme Version wird direkt über dem Hintergrundbild als neue Ebene eingefügt. Wenn die Ebenenpalette nicht angezeigt wird, klicken Sie auf *Fenster > Ebenen*. Der Dialog mit den beiden Bildebenen wird geöffnet, Ebene *Hintergrund* und *Ebene 1* (Bild A).

Man sieht die gemäßigtere Version nicht, da sie von der darüberliegenden Ebene verdeckt wird. Wir müssen die beiden Versionen also noch kombinieren. Dazu generieren wir eine Ebenenmaske auf der neuen Ebene (*Ebene > Ebenenmaske hinzufügen > Alles maskiert*). Die ausgewählte Ebene erhält eine schwarze Ebenenmaske (Bild B) und nur die Hintergrundebene ist zu sehen.

Gemäßigte Version mit Gradationskurven

Extreme Version mit Gradationskurven

Um die beiden Bilder zu kombinieren, löschen Sie mit dem Werkzeug *Radiergummi* die Bereiche der neu erstellten Ebenenmaske, in denen die extreme Version sichtbar werden soll. Achten Sie darauf, dass die Ebenenmaske aktiv ist, nicht der Ebeneninhalt. Das aktive Element wird durch einen gebrochenen Rahmen um die Miniaturvorschau in der Ebenenpalette angezeigt (Bild C).

Nun können Sie die gewünschten Bereiche der Ebenenmaske entfernen. Bei Verwendung des Radiergummi-Werkzeugs sollten Sie die Größe, Härte und Deckkraft des verwendeten Pinsels beachten.

Wenn Sie mit der rechten Maustaste in das Bild klicken, wird der Werkzeugdialog geöffnet, in dem Sie Größe und Härte des Radiergummis einstellen können. Wählen Sie eine Pinselgröße, mit der Sie die gewünschten Bildbereiche schnell entfernen können, dabei aber nicht riskieren, ungewollt falsche Bildbereiche zu löschen.

Die Einstellung *Härte* bestimmt, wie scharf die Ränder der gelöschten Bereiche der Ebenenmaske sind. Die Einstellung 100 % führt zu klar abgegrenzten Rändern, die Härteeinstellung 0 % erzeugt sehr weiche Übergänge (Bild D). Fast immer erreicht man bessere Resultate mit einer Einstellung, die näher an 0 % als an 100 % liegt. Die Veränderungen wirken dadurch natürlicher.

A

Kopierte Ebene

B

Hinzugefügte Ebenenmaske

C

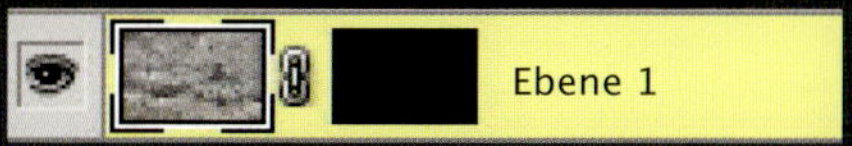

Ebene aktiv

D

Die Härte des Radiergummis beeinflusst die Schärfe der Ränder

Im Beispielbild wollte ich die Maske im unteren Bildbereich entfernen, damit der Hintergrund an dieser Stelle von der extremen Version überlagert wird. Dadurch entsteht eine Fotografie, die den detaillierten Vordergrund der extremen Version mit dem natürlicher wirkenden Himmel des gemäßigten Tonemapping-Bildes verbindet.

Während Sie einzelne Maskenbereiche entfernen, können Sie die Deckkraft des Radiergummis mit dem entsprechenden Regler in der Werkzeugleiste verändern. Die Deckkraft beeinflusst den Wirkungsgrad. Bei der Einstellung 100 % wird der angeklickte Maskenbereich komplett gelöscht, das darunterliegende Bild scheint vollständig hindurch. Setzen Sie die Deckkraft auf 50 %, wird nur die Hälfte des Bereichs gelöscht, in unserem Beispiel läge das Ergebnis genau zwischen „extremem" und „gemäßigtem" Bild. Sie können die Deckkraft bei den Anpassungen verändern, um die Kombination der beiden Bilder genau zu kontrollieren.

Zwei Bilder mit dieser Technik zusammenzufügen, ist sehr zeitaufwendig, nicht zuletzt, da Sie zwei (oder mehr) Tonemapping-Versionen Ihres HDR-Bildes generieren müssen. Sie führt aber oft zu großartigen Ergebnissen, besonders wenn die einzige Alternative ein Bild wäre, das in einem Bildbereich wenig Details enthält, um einen anderen Bereich nicht zu extrem wirken zu lassen. Im Vergleich zum extremen und gemäßigten Tonemapping-Bild ist das Endergebnis die perfekte Kombination der Vorteile beider Versionen.

BARGAIN BAG
CONTINENTAL NOUGAT
The Original Old Fashioned
CLOTTED CREAM FUDGES
SWEET SHOP
"HOME MADE TO A TRADITIONAL RECIPE"
"CHOPPED FRESH DAILY"
RETAILERS OF THE FINEST QUALITY DELICIOUS INDULGENCES
FRESH CREAM TRUFFLES
TRADITIONAL SLAB TOFFEE
BARGAIN BAG
16oz MIX
NOUGAT & FUDGES
OVER 15 DIFFERENT FLAVOURS
CHOPPED FRESHLY EVERY DAY
CONTINENTAL CREAM
NOUGAT
CHOC SUNDAE
BANANA
MINTY
RUM & RAISIN
PINK & WHITE
TAKE HOME GIFTS
The Old Fashioned
SWEET
NOUGAT & FUDGE
ROCK & TRUFFLES
NOUGAT

▲
„Spiegelungen bei Honfleur (Normandie)"
© Michael Steighner

◄
„Ausblick vom Hilton Mombai in Sao Paulo"
© Michael Steighner

▲
„An einem Mittwoch-abend am DNC"
© Michael Steighner

▶
„Verlassene Kapsel"
© Ben Willmore

MOTEL

700 E.
HWY 66
The Baldwin Edge
OLD ROUTE 66
BUSINESS
For all your filtration needs.
CAUTION!
MICROWAVE may be in use!
ROUTE US 66
92.9 FM

▲
„Nachtbaustelle“
© John Maslowski

◄
„Gossip Central“
© Ben Willmore

◄
„Küste von Oregon
bei Gold Beach"
© Michael Steighner

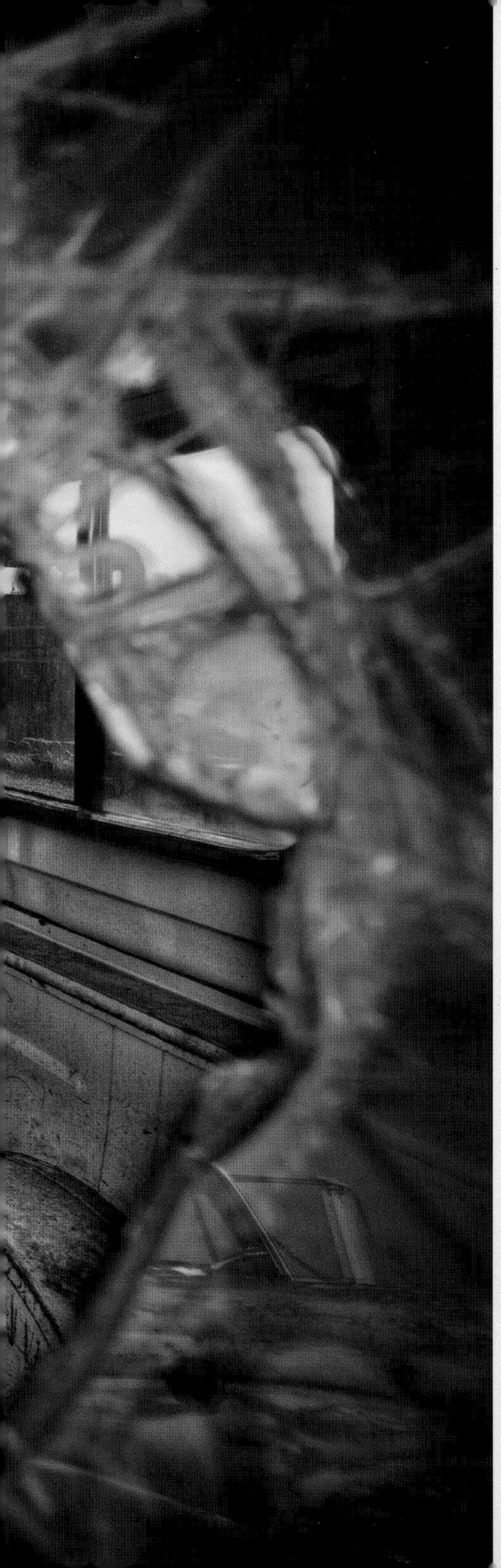

▲
„Wrack II"
© David Nightingale
◄
„Blick durch den Spielgel"
© Ben Willmore

MEMON

„Sheikh Zayed Road"
© David Nightingale

Glossar

Automatische Belichtungsreihe Eine Funktion, mit der automatisch eine Sequenz mit unterschiedlich belichteten Bildern aufgenommen wird, die zu einem HDR-Bild zusammengefügt werden können. Die Einstellungen können bei fixierter Verschlusszeit, ISO-Empfindlichkeit oder Blende angepasst werden, nur die letzte Option eignet sich für die HDR-Fotografie.

Belichtung und Gamma Belichtung und Gamma ist eine Tonemapping-Methode von Photoshop, die die Anpassung der Mitteltöne und Lichter des Tonemapping-Bildes ermöglicht.

Belichtungsreihen Eine Belichtungsreihe besteht aus mehreren Einzelbelichtungen, die bei gleichbleibender Blende mit unterschiedlicher Verschlusszeit aufgenommen wurden, um den gesamten Kontrastumfang einer Szene einzufangen.

Bittiefe Die Anzahl Bits (Daten), die für die Aufnahme von Bildinformationen zur Verfügung steht. Pro Kanal enthält eine JPEG-Datei 8 Bit, eine RAW-Datei üblicherweise 12 Bit (entschlüsselt 16 Bit). Einer HDR-Datei stehen sogar 32 Bit pro Kanal zur Verfügung.

Blendenstufe Die Blendenstufe ist das Verhältnis zwischen Brennweite des Objektivs und Durchmesser der eingestellten Blende. Bei jedem Blendenschritt verdoppelt oder halbiert sich die auf den Kamerasensor fallende Lichtmenge gegenüber der vorher eingestellten Blende.

Clipping Wenn Schatten unterbelichtet oder helle Bildstellen überbelichtet sind und dadurch Bilddetails verloren gehen, spricht man von beschnittenen Tiefen und Lichtern, dem sogenannten Clipping. Mögliche Ursachen sind falsche Belichtungseinstellungen oder, bei der HDR-Fotografie, ein zu großer Kontrastumfang der Originalszene, der vom Kamerasensor nicht vollständig aufgezeichnet werden kann.

Details Enhancer *Details Enhancer* ist eine der beiden Tonemapping-Methoden von Photomatix Pro. Diese Methode erlaubt sehr viel Kontrolle über die Darstellung des Bildes und eignet sich besonders für eher surreale Resultate.

Exposure Blending Das Zusammenführen einer Belichtungsreihe, um ein Bild zu erhalten, das den gesamten Kontrastumfang der Szene enthält. Dies ist keine HDR-Technik, kann aber eingesetzt werden, wenn man den vollen Lichtwertumfang einer Szene einfangen möchte, der den Kontrastumfang des Kamerasensors weit überschreitet.

Fotorealismus Bilder werden als fotorealistisch bezeichnet, deren Darstellung der wirklichen Welt entspricht.

Geisterbilder In einem Tonemapping-Bild kommt es zu Geisterbildern, wenn ein oder mehrere Bildelemente der Originalszene sich zwischen den Einzelbelichtungen bewegen. Auf der Fotografie werden diese Bewegungen als schwache Spuren sichtbar.

Globaler Kontrast Der Kontrast des gesamten Bildes. Passt man den globalen Kontrast eines Bildes an, sind davon alle Bildelemente in gleichem Maße betroffen.

Gradationskurven Dieses Werkzeug findet man in den meisten Bildbearbeitungsprogrammen. Oft wird eine Gradationskurve eingesetzt, um den globalen Kontrast eines Tonemapping-Bildes zu erhöhen.

Halos Halos (helle Lichthöfe um die Ränder von Bildelementen) entstehen während des Tonemapping-Prozesses.

HDR Abkürzung für High Dynamic Range (hoher Kontrastumfang).

Histogramm Das Histogramm von Kamera oder Bildbearbeitungssoftware stellt die Verteilung der Tonwerte innerhalb eines Bildes grafisch dar. Bei der HDR-Fotografie ist dieses Werkzeug ganz besonders wichtig.

Histogramm equalisieren *Histogramm equalisieren* ist eine Tonemapping-Methode von Photoshop. Fast alle so konvertierten HDR-Bilder zeigen beschnittene Tiefen und Lichter, deshalb ist diese Methode meist nicht zu empfehlen.

Hyperrealismus Mit HDR-Techniken können neben fotorealistischen Ergebnissen auch hyperrealistische Bilder entstehen. Diese Fotografien erinnern an Grafiken oder Gemälde.

Kontrastumfang Der Kontrastumfang beschreibt den Helligkeitsunterschied zwischen dem hellsten und dem dunkelsten Bereich. Eine Szene mit sehr hellen Lichtern und tiefdunklen Schatten hat einen hohen (oder weiten) Kontrastumfang, ein Bild mit relativ matten Lichtern und sanften Schatten einen kleineren.

Bei Kamerasensoren wird der Kontrastumfang oft in Blenden- oder LW-Stufen angegeben. Die meisten Sensoren digitaler Spiegelreflexkameras erfassen etwa 5-9 LW. Übersteigt der Kontrastumfang der Szene diesen Bereich, kommt es zu beschnittenen Tiefen oder Lichtern.

Kontrastverhältnis Das Verhältnis zwischen den hellsten und dunkelsten Tonwerten einer Szene oder eines Bildes. Ein typischer Kamerasensor kann ein Kontrastverhältnis von bis zu 500:1 aufzeichnen.

LDR Abkürzung für Low Dynamic Range (geringer Kontrastumfang). Ein LDR-Bild ist im Kontext der HDR-Fotografie ein Bild, dessen Kontrastumfang mit herkömmlichen Geräten aufgezeichnet und ausgegeben werden kann (Bildschirm oder Papier usw.). Um HDR-Bilder betrachten oder ausdrucken zu können, müssen sie durch Tonemapping konvertiert werden.

Lichtwert (LW) Als Lichtwert werden Kombinationen von Verschlusszeit und Blende bezeichnet, die zur gleichen Gesamtbelichtung führen. Bei Blende 2,8 und einer Verschlusszeit von 1/60 Sekunde wird der Sensor genauso stark belichtet wie bei Blende 4,0 und 1/30 Sekunde. Beide Kombinationen haben daher den gleichen Lichtwert.

Lokale Anpassung Die wichtigste Tonemapping--Methode von Photoshop. *Lokale Anpassung* ermöglicht die Kontrolle verschiedener Parameter, beispielsweise mithilfe einer Toning-Kurve, um die Tonwertbalance des Tonemapping-Bildes zu beeinflussen.

Lokaler Kontrast Der Kontrast innerhalb bestimmter Bildbereiche. Viele Tonemapping-Verfahren ermöglichen die unabhängige Kontrolle des lokalen und globalen Kontrasts, um gezielt Bildbereiche zu beeinflussen.

OpenEXR Ein übliches Dateiformat zur Speicherung von 32-Bit-HDR-Bildern. Sämtliche Bildinformationen bleiben erhalten.

RGBE (Radiance) RGBE oder Radiance ist ein gebräuchliches Dateiformat, in dem 32-Bit-HDR-Bilder gespeichert werden können. Bei manchen Bildern kommt es dabei allerdings zu leichten Farbverschiebungen.

Schwarzpunkt In Bildbearbeitungsprogrammen bezeichnet der Schwarzpunkt den Wert des Tonwertumfangs, der Schwarz entspricht. Praktisch bedeutet das, dass jeder Wert gleich dem Schwarzpunkt oder geringer im Bild als Schwarz dargestellt wird.

Tone Compressor Ein Tonemapping-Operator von Photomatix Pro . Diese Methode eignet sich besonders zur Erzeugung fotorealistischer Bilder mit hohem Lichtwertumfang.

Tonemapping Das Verfahren, mit dem ein 32-Bit-HDR-Bild in ein LDR-Bild umgewandelt wird. Der große Lichtwertumfang der Originalszene wird dabei so stark komprimiert, dass er mit herkömmlichen LDR-Geräten angezeigt werden kann.

Weißpunkt In Bildbearbeitungsprogrammen bezeichnet der Weißpunkt den Wert des Tonwertumfangs, der Weiß entspricht. Praktisch bedeutet das, dass jeder Wert gleich dem Weißpunkt oder höher im Bild als Weiß dargestellt wird.

HDR-SOFTWARE

Adobe Photoshop
www.adobe.de

FDRTools
www.fdrtools.com

Photomatix Pro
www.hdrsoft.com

Dynamic-PHOTO HDR 38
www.mediachance.com

easyHDR
www.hdrsoft.com

Hydra
www.creaceed.com

pfstools
www.pfstoolssourceforge.net

MITWIRKENDE

David Nightingale
www.chromasia.com

Ricardo Aguilar Herrera

Pete Carr
www.petecarr.net

Catalin Marin
www.momentaryawe.com

John Maslowski
www.sirius2photo.com

Brooks Potteiger
www.brookspotteiger.com

Michael Steighner
www.mdsimages.com

Trey Ratcliff
www.stuckincustoms.com

Ben Willmore
www.thebestofben.com

Stichwortverzeichnis

Danksagung

Ohne die Unterstützung der Fotografen, die mir freundlicherweise ihre Werke zur Verfügung gestellt haben, wäre dieses Buch nicht möglich gewesen. Mein aufrichtiger Dank gilt daher Ricardo Aguilar Herrera, Pete Carr, Catalin Marin, John Maslowski, Brooks Potteiger, Michael Steighner, Trey Ratcliff und Ben Willmore.

Auch bei meiner Frau Libby möchte ich mich bedanken, die verschiedene Abschnitte des Buches lektoriert hat, mich mit hilfreicher Kritik zu meinen Bildern unterstützte und mir an den vielen Abenden und Wochenenden zur Seite stand, die ich mit der Arbeit an diesem Buch verbrachte. Ohne sie wäre das Projekt nicht zu realisieren gewesen.

Zu guter Letzt möchte ich Craig (www.id7.co.uk) danken, der einige der technisch komplizierteren Abschnitte lektoriert hat.

gespendet von
Brahma Kumaris

Kurse für Raj Yog Meditation
kostenlos für jeden